世界十大文豪

列夫·托尔斯泰

童一秋/编著

吉林出版集团 | 吉林文史出版社

图书在版编目（CIP）数据

列夫·托尔斯泰/童一秋编著.
——长春:吉林文史出版社，2011.1（2023.9重印）
（世界十大文豪）
ISBN 978-7-5472-0414-6

Ⅰ.①列... Ⅱ.①童... Ⅲ.①托尔斯泰，L.N.（1828～1910）
—生平事迹—青少年读物 Ⅳ.①K835.125.6—49

中国版本图书馆CIP数据核字（2010）第255185号

列夫·托尔斯泰
Liefutuoersitai

出版发行/吉林文史出版社（长春市人民大街4646号）
www.jlws.com.cn
编著/童一秋
责任编辑/陈春燕
责任校对/李洁华
封面设计/新华智品
印刷/北京一鑫印务有限责任公司
出版日期/2011年5月第1版 2023年9月第8次印刷
开本/640mm×920mm 1/16
印张/10
书号/ISBN 978-7-5472-0414-6
定价/45.00元

导读

列夫·尼古拉耶维奇·托尔斯泰于1828年出生于俄国图拉省的雅斯纳亚·波良纳庄园。

1844年，16岁的托尔斯泰考入喀山大学东方语文系，次年转入法律系。在大学期间他成了法国启蒙思想家卢梭的信徒。19岁时辍学回庄园进行农事改革，力图改善农民的贫困生活。

1851年，托尔斯泰随长兄尼古拉到高加索入伍。在参加战斗的同时，开始了文学创作生涯，陆续发表了自传体三部曲《童年》《少年》和《青年》。

在1853—1855年的俄国和土耳其战争期间，托尔斯泰是塞瓦斯托波尔城市的英勇保卫者，曾获多枚奖章，并创作了《塞瓦斯托波尔故事》系列。

1856年，托尔斯泰以"口尉"军衔退役。1857年和1860年两次去西欧访问，写出了揭露资本主义自由、平等、博爱虚伪性的短篇小说《琉森》。1859—1862年间，托尔斯泰在雅斯纳亚·波良纳创办学校，让农民子弟免费上学，他亲自参与执教。后学校扩大至21所 享誉国内外。1861年农奴制改革期间，他被选为解决农民和地主纠纷的调停人。由于他倾向于农民，遭到地主们的控告，雅斯纳亚·波良纳庄园和学校遭到粗暴搜查。

1863—1899年，他又相继创作出了《战争与和平》《安娜·卡列尼娜》《复活》等享誉世界的长篇小说，其中《复活》不仅对沙皇专制制度进行了全面的批判和否定，同时也宣扬了他的"不以暴力抗恶"和"道德自我完善"的托尔斯泰主义。1901年因《复活》的发表，托尔斯泰被沙皇宗教院开除教籍。

1910年10月28日离家出走，11天后因肺炎逝世于阿斯达普沃小火车站，终年82岁。

目录

列夫·托尔斯泰传

从童年到大学

在莫斯科以南 200 公里，离图拉城不远的地方，有一座风景优美的贵族庄园——雅斯纳亚·波良纳。这里繁花似锦，绿树成荫，一片郁郁葱葱的森林更惹人注目。在林中空地的中央，是宽敞、古老的地主宅邸。1828 年 8 月 28 日，列夫·尼古拉耶维奇·托尔斯泰就出生在这里。

托尔斯泰出身显赫，其先祖曾任彼得大帝时代的国务大臣和枢密院首脑，祖父曾任喀山省省长。他的外祖父是俄国历史上第一任统治者留里克的后裔，担任过大使和总督，被授予上将军衔。外祖父生性孤傲，与新沙皇发生冲突，主动离职，46 岁即隐居在雅斯纳亚·波良纳，致力于庄园的扩建和独生女玛丽娅的教育。托尔斯泰的父亲早年也曾从军，参加过 1812 年抵抗拿破仑的卫国战争。

托尔斯泰在三个哥哥中，最爱最敬的是比他大 5 岁的大哥尼古拉，而对二哥谢尔盖则是钦佩与赞赏。二哥有漂亮的外貌、优美的歌喉，并且有绘画天赋。他甚至赞赏二哥那种毫不掩饰的利己行为。他模仿二哥，希望成为与二哥一样的人。他后来回忆说，这是由于自己的个性，总是琢磨着别人对自己的感觉和看法，从而毁了生活的乐趣，所以，才特别赞赏二哥那种"自信的"利己主义。但说到底，钦佩不等于爱，他最爱的是大哥。

尼古拉的确是一个奇特的人。屠格涅夫曾说过，尼古拉只因为缺少了当一名作家所需要的毛病，才没有成为一名大作家。这毛病就是虚荣心。其实他具有真正作家的气质，如敏锐的艺术鉴别力、高度的分寸感、善意而又令人愉快的幽默、异乎寻常的想象力，以及切合实际的、境界很高的世界观等。有一次，大约是托尔斯泰 5 岁时，10 岁的大哥向三个弟弟宣布，说他有一个秘诀，若有朝一日把这秘诀公开，利用这秘诀会使所有的人成为幸福的人，不再有疾病，不再有任何不愉快之事，大家都相亲相爱，成为"蚂蚁兄弟"。托尔斯泰兄弟们当时都很喜欢"蚂蚁"这个词，他们甚至还做"蚂蚁兄弟"的游戏：大家都坐到椅子底下，用一些箱子把椅子围住，再用围巾和手帕蒙上，大家摸黑紧紧依偎在一起。托尔斯泰十分喜欢这个游戏，感到特别激动，心里充满了一种特殊的爱。然而，那能够使所有人都幸福的秘诀是什么？大哥说，这一秘诀写在一根小绿棒上，埋在森林中扎卡斯峡谷旁。

这个小绿棒的故事，令5岁的托尔斯泰神往不已。许多年后，在他的垂暮之年，还以《小绿棒》为题写了一篇重要论文。他曾说："要像蚂蚁那样相亲相爱地偎依在一起，不过不单是在蒙上围巾和手帕的圈椅底下，而是要普天下所有的人都如此，这至今仍是我的理想。那时候我相信，那根小绿棒是确实存在的，上面写的是：必须消灭人世间的一切罪恶，并赐予人们伟大的幸福。如今我依然相信，这一真理是永存的，它将为人们所知道，并将赐予人们它所允诺的一切。"

70多年后，托尔斯泰去世，根据他的遗愿，被安葬在尼古拉所说埋有小绿棒的扎卡斯峡谷旁大树下。

幼年的托尔斯泰性格活泼，热爱一切事物，但又多愁善感，喜欢沉思。他总是像一道亮光一样，带着愉快的微笑跑来跑去。他喜欢开玩笑。遇到挫折时，他虽然伤心，却从不哭泣，反之，别人抚爱他时，他却会流泪。他很爱哭，也就是说，他很容易受感动，所以外号叫"哭孩子"。他喜欢搞出些不同凡响的事情，让大家惊讶不已。

在他七八岁时，他渴望飞翔，并且不知为什么自以为已经掌握了飞翔的奥秘，认为只要用双手使劲地抱住膝盖从高处往下跳，就会像鸟儿一样在空中飞。有一天，在大家都去吃饭时，他爬上顶楼的窗口，朝院子里跳去。当有人发现他躺在院子里时，他已失去知觉。幸而没有摔伤骨头，只是有些脑震荡，在睡了18个小时后又醒过来了。这真是万幸，不然的话，稍有差池，伟大的《战争与和平》、《安娜·卡列尼娜》等作品，就会从那古老的窗口消失了……

有一次，托尔斯泰一家人乘三驾马车出行，中途休息时，他下车步行。当马车快赶上他时，他就跑起来；马越跑越快，他也越跑越快，拼命跟马赛跑，一直跑了两里多路，他完全跑不动时，才让家人把他拉上马车。还有一次，他爱上了一个比他大的9岁女孩，见那女孩儿跟别人说话，他出于嫉妒，把她从阳台上推下去摔伤了，跛了很久。当他的哥哥们都进骑术学校开始学习时，他不顾年龄太小和父亲的劝告，执意要学，结果跌下来一次，但以后再没跌下来。当哥哥们轮流骑过一匹老马，该他骑时，那马因太疲倦，不想离开马厩，他生气地猛烈抽打那马，连马鞭都抽断了。他让管家再拿一根粗马鞭来，管家说："你看不到它已多么疲倦，而且已经老了吗？你为什么不可怜它？"他下了马，看到老马两胁抽搐着，冒着热气。他感到很抱歉，搂住马脖子，请它原谅……从此，他再未虐待过马。

从很小的时候，他就为自己的丑陋而难过，凡是涉及到他的外貌的话题都使他非常难受。他曾失望地想，像自己这样有着扁鼻子、厚嘴唇和灰色小眼睛的人，在世界上是不会得到幸福的；他祈求上帝，为了一副漂亮的面孔他愿意付出一切。开始读书后，他的功课也不好，一位辅导过他们兄弟学习的人说："尼古拉敢想又敢做；谢尔盖敢想但不敢做；列夫则既不敢想也不敢做。"

1836年冬，托尔斯泰8岁时，父亲为了孩子们的学业，决定举家迁居莫斯科。迁居时共乘了七驾马车。有六驾马车，车内坐着人，车后拉着物。他们一直向北、向北，足足走了四天。几个孩子轮流到那高大的六驾马车上，跟祖母和父亲坐在一起，初离乡村的托尔斯泰看着驶过的乡村和城市，看着那些小铺老板和农夫——他们不仅不像托尔斯泰过去所见的那样朝这些贵族马车脱帽致礼，而且有着不屑一顾的样子。他第一次想到：这些人怎样生活，靠什么生活呢？他们的孩子是怎样念书的呢？那些绿屋顶的乡村教堂和红屋顶的地主住宅，里面都是些什么人呢？他第一次发现，生活中有许多人和自己毫不相干，尤其是并不以自己一家人为中心。马车队来到莫斯科城时，托尔斯泰正坐在父亲身边，父亲指给他看莫斯科时那种骄傲的表情使他十分惊讶。

托尔斯泰一家住进莫斯科一幢宽敞舒适的住宅。他们的生活与在雅斯纳亚·波良纳差别不大，仍然养着自家的马匹，仍是那些农奴仆人服侍他们。男孩子们跟家庭教师学习。托尔斯泰学习仍旧不好，他最大的兴趣是跟大人去逛街，去看那一幢幢古老建筑。最让他神往的是克里姆林宫。

来到莫斯科的第二年，父亲有事到图拉省，在街上突然觉得头晕，跌倒在地上，再也没有醒过来。人们传说，他是被身边的两个仆人毒死的。他随身携带的钱和文件都不翼而飞。葬礼在雅斯纳亚·波良纳举行，托尔斯泰没有参加。在很长一段时间里，他不相信父亲已经死了，总觉得父亲还会突然归来。祖母也不相信这个噩耗，她伤心万分，无法忍受这种痛苦，忧郁成疾，不到一年便去世了。

祖母死后，由姑母亚历山德拉担任五个孤儿的法定监护人。为了压缩开支，亚历山德拉让两个大孩子留在莫斯科，跟她住在一起，准备考大学；另外三个孩子回到雅斯纳亚·波良纳，由达吉亚娜姑母照看。

达吉亚娜姑母是托尔斯泰家的远亲，她幼年失去双亲，一直寄养在托尔斯泰家，由托尔斯泰的祖父祖母抚养成人。少女时代的达吉亚娜长得很美。她爱上了托尔斯泰的父亲，但她知道自己寄人篱下，这种爱情只是一种梦想，因而避开了。托尔斯泰的母亲去世后，父亲曾向达吉亚娜求婚，她没同意，但却答应抚养那五个年龄尚幼的孩子。她特别喜欢托尔斯泰。托尔斯泰童年时期的快乐，大部分来自这位善良温柔的女性。后来托尔斯泰曾称赞达吉亚娜姑母是一位果敢、坚定、精力充沛而又富有自我牺牲精神、具有崇高道德品质的女性。他还认为，达吉亚娜姑母对他一生影响最大。从他幼年时代，她就教给他爱的精神是一种快乐。她不是用语言教，而是用她整个人，使托尔斯泰看到和感到了她怎样喜欢去爱别人，于是懂得了爱的欢乐。

1841 年夏天，亚历山德拉姑妈去世了。这时，托尔斯泰兄妹们的直系亲人只剩下小姑妈彼拉盖娅了。已经是大学生的大哥尼古拉向远在喀山的小姑妈提出了请求，请她抚养他的弟妹们。小姑妈同意了，但要求他们到喀山去。这年冬天，他们告别了达吉亚娜姑妈，前去喀山。分别时，达吉亚娜和孩子们都感到痛苦。托尔斯泰后来在给达吉亚娜姑妈的信中说："在离别的时刻，我突然内心一颤，明白了你对我们的意义……"的确，到喀山后，小姑妈对孩子们的培养教育一点都不感兴趣，完全放任自流。13 岁的托尔斯泰感到孤独和苦闷。"没有人给我灌输过任何道德观念，绝对没有。""我一心一意希望成为一个好人，但是我年幼无知，情欲旺盛，而且是独自一人，完全是独自一人在寻求善。"他开始阅读和思考，想一些与他的年龄完全不相称的事情。比如，他想到幸福并不依靠外因，而在于人对外因的态度，一个吃苦耐劳惯了的人就不可能不幸。为了使自己习惯于吃苦，他常常把一部厚厚的大词典举过头顶，累得胳膊酸痛也不放下，甚至跪到贮藏室，脱了上衣，用鞭子抽打自己的背，或者把手放在火炉上烤，痛得泪水涌进眼里也不罢休。有一次，他想到死亡在每一小时每一分钟等待着人们，他不明白，怎么人们早没有想到这一点？于是，他认定人只有及时行乐。一连三天，他放弃学业，只是躺在床上看小说吃零食，把最后几个钱都花在买姜饼上了……有一阵，他迷上了怀疑主义哲学，以为宇宙间的一切其实并不存在，只是在自己注意它们时它们才存在，所以，存在的不是物体，而是人与它的关系。他甚至开始怀疑上帝的存在。

在 14 岁之前，托尔斯泰已经读了许多书。他最喜欢的书有：《圣经》中的约瑟的故事、《天方夜谭》中"四十大盗"和"卡马拉萨曼王子"的故事、俄罗斯民间传说、普希金的作品等。约瑟的故事对他影响很大，直到晚年，他仍把它作为具有简短、自然和真诚的特点的艺术极致的典范。

1844 年 6 月，托尔斯泰报考喀山大学东方语言系，初试有三门不及格，后经补考被录取为阿拉伯土耳其语专业的学生，这年仅 16 岁。

托尔斯泰的大学生活很不顺利。开初的新鲜感过去后，他很快就发觉自己对东方语言学并没有多少兴趣，而课程的枯燥乏味在他看来是惊人的，于是，他的热情转移到社交方面。作为一个有地位的青年，他受到各种显贵人家宴会、舞会的欢迎，但他一直无法像其他贵族青年那样如鱼得水地周游于交际场，他不善于和妇女交际，有一种奇怪的笨拙与羞怯。有意思的是，正因为此，他反而很引人注目，成为一个处处受欢迎的客人。

由于厌恶课程和社交活动太多，大学一年级结束时，他未能通过考试。他离开东方语言系，转入法律系。然而法律系的教学方式与东方语言系是一样的，很快又引起了他的反感。比如《俄国史》这门课，托尔斯泰认为是一切学科中最沉闷、差不多是最无用的一门课，是一堆寓言和无用的琐事，夹杂着一大堆不必要的数字和专用名词……谁要知道伊凡雷帝第二次和杰姆鲁克的女儿结婚是在 1562 年 8 月 21 日，第四次结婚是在 1572 年呢？

托尔斯泰在法律系勉强上到第二年。他反对考试，讨厌教授们的讲义，蔑视各种学规，教授们当然不会给他好成绩。恰在这时，托尔斯泰兄妹所继承的产业已经分好，按照习惯，将全家居住的庄园雅斯纳亚·波良纳分给了最小的儿子托尔斯泰，包括 5400 英亩田地和 330 个农奴，还有农奴的家属。托尔斯泰没等到五月份的考试，便以"健康不佳和家事"为由而退学，回到庄园。没得到学位，使他耿耿于怀。他决心展开大规模的自学，一是提高自己，二是为了取得大学学位。他曾列了这样一个学习计划：

1. 学习为取得学位所需要的全部法律课程；

2. 学习应用医学和一定程度的医学原理；

3. 学习法文、俄文、英文、德文、意大利文和拉丁文；

4. 学习农业的理论与实践；

5．学习历史、地理和统计学；

6．学习数学（高中课程）；

7．写我的（大学）论文；

8．在音乐和绘画方面，尽我所能地达到最完善的境地。

9．（为我的行为）写下准则……

他确实写下了准则：

1．不顾一切困难，去完成我自己决定要做的事情；

2．很好地完成我已经在做的事情；

3．凡是我忘记了的，决不去查书，而要尽力把它回忆起来；

4．经常让我的头脑尽全力工作；

5．随时大声地阅读与思考；……

在大学的最后一年和离开大学后，他读了许多书，包括《马太福音》、卢梭的《忏悔录》与《爱弥儿》、狄更斯的《大卫·科波菲尔》。他通读卢梭的20本一套的全集，包括《音乐词典》。他很早就崇拜卢梭，15岁时，曾贴身戴着一个有卢梭画像的纪念章。

分家时，在他的强烈要求下，达吉亚娜姑妈同意永远留在雅斯纳亚·波良纳，和他一起生活。退学的托尔斯泰决心改善自己，除了读书学习，还要管理财产，改进农奴的生活。他购置了脱壳机、播种机等农用机械，开办农场。他把一部分树林划给农民经营，并常到村里了解农民的生活状况，还想方设法给一些贫困户以救济。然而，他的改革并没有什么效果，农民们对他怀着疑惑的态度，买来的机械因无人用很快成为废物，一年过去，农民的生活状况丝毫没有改变，而他的改革措施却引起了附近其他地主的不满。

经营农事的失败使托尔斯泰大为丧气。于是，他埋头于学习课程，沉迷于音乐，有时弹钢琴，一弹大半天。1848年10月，他将庄园交给妹夫管理，去了莫斯科，第二年初又到了彼得堡，目的是考取学位。他考了民法和刑法两门课，取得良好成绩，然而不久，他又改变主意，不想考学位了。他对取得大学学位所作的努力，至此才完全放弃。

1848年秋天，咀嚼着失败苦果的托尔斯泰离开了家乡到了莫斯科。他不想在无望的努力中浪费自己的青春，他要像别的贵族青年一样去享受生活和幸福。

莫斯科是仅次于首都彼得堡的俄国第二大城市。这里名流云集，物欲横流，它的繁华热闹是喀山无法相比的。20岁的托尔斯泰没有职业，也没有学位，但他有伯爵的头衔和每年一万到两万的收入，这是他进入上流社会的通行证。

在举目无亲的莫斯科，托尔斯泰生活得无忧无虑也乱七八糟。每天他打扮得漂漂亮亮，穿着熨得笔挺的礼服参加舞会，出入剧院。后半夜两点才回家，第二天十一点起床，吃早餐，然后计划着到哪里打发晚上的时光。像所有的贵族青年一样，他过着上流社会纸醉金迷的懒散生活。

不久，他结交了一帮"朋友"，他们一起赌博狂饮。在灯光幽暗、乌烟瘴气的赌场里，狂热、好冲动的托尔斯泰一掷千金。不精于牌局的他，被开始的小胜冲昏了头脑，最后输得一塌糊涂。为还赌债他请求二哥谢尔盖尽快给他3500卢布。

二哥谢尔盖看到不争气的小弟弟如此挥金如土，十分气愤。

"你这个最不值钱的小东西，如此地挥霍父母留给你的遗产。如果你不悬崖勒马，很快会把自己弄到破产的境地。列夫，你必须约束自己，否则对不起死去的父母。"二哥痛心地教训着他。

"谢尔盖，我知道你会生气，但有什么法子呢？我最大的不幸是没有人用鞭子管教我。二哥，我已经为自己的放纵付出了昂贵的代价，我向上帝保证，一定要改过自新，从此做一个循规蹈矩的人。"

托尔斯泰真心地忏悔了，他决心离开莫斯科，离开那些诱使他堕落的狐朋狗友，摆脱这种放荡不羁的生活。这时他恰好读到一本美国科学家富兰克林的传记，上面写道：富兰克林有一个专门记载自己缺点的记事本，以便及时改正。于是托尔斯泰也给自己准备了一个这样的记事本，分栏记载自己的缺点：懒惰、好出风头、优柔寡断等等。就这样年轻的托尔斯泰决心痛改前非、重新开始生活，他时时解剖自己，真心实意地忏悔自己的过错，直到他人生的终结。

　　1850 年底已经成为炮兵军官的大哥尼古拉从高加索到莫斯科休假。见到了阔别几年的大哥，托尔斯泰心花怒放，他从小就崇拜博学的大哥，大哥很像母亲温和而又善良。高加索的海风使大哥的脸上又增加了几分阳刚之气，那黑黑的髭须恰到好处地覆盖在鲜红的嘴唇上，黄色的绥带、笔挺的军装、锃亮的马靴使大哥显得那么威武雄壮。托尔斯泰决心和大哥一起去高加索参军，开始一种崭新的生活。

戎马中开始的文学生涯

尼古拉大哥在高加索服兵役。托尔斯泰在大哥建议下，于 1851 年 5 月到了高加索。从此，大文豪列夫·托尔斯泰开始了他一生难忘的戎马生涯；更重要的是，在这里也正式开始了他的文学创作生涯。

高加索山脉是亚洲与欧洲的分界，许多山峰海拔在 5000 米以上。在高加索群山环抱的山村里，住着强悍的本地山民，他们不甘于沙皇的统治。沙皇的军队驻扎在此，就是为了对付他们，以防骚乱的发生。

1851 年的 6 月，托尔斯泰平生第一次参加了战斗。他战胜了内心的恐惧，表现得十分勇敢。为此，总司令接见了他。

"你好啊！我们年轻的鹰，不愧是军人的后代，你是什么军衔？怎么，才是个志愿兵士？"

"将军阁下，我还没有正式入伍呢。"托尔斯泰有点难为情地回答。

"伯爵，你的父亲曾参加过 1812 年的莫斯科保卫战，你的外祖父曾经是陆军元帅，你作为世袭军人的后代，有着远大前程。你正式入伍吧！"总司令说。

"是！将军阁下，遵从您的命令，我愿为沙皇陛下效劳。"

托尔斯泰正式参军，成了四等炮兵下士。

没有战斗的时候，托尔斯泰常常躺在营帐外面，嘴里嚼着甜丝丝的草根，仰望着浩瀚无垠的天空，眺望巍峨的崇山峻岭，聆听草丛中蟋蟀的鸣叫。多么美啊！托尔斯泰一直想把自己内心的真切感受写下来，告诉别人，也让大家分享他的这份感受。一种强烈的创作欲望冲击着他。他写信给达吉亚娜姑妈：

"亲爱的姑妈，您还记得吗？您曾劝我写小说。我听从您的劝告，我现在告诉您，我现在的工作就是写作，我不知道我写的东西将来能否发表，但我喜欢这工作，因此我将顽强地写下去，决不放弃。"

他常常回忆起雅斯纳亚·波良纳的童年生活，想起故乡的树林、果园、白色的楼房、温暖的客厅，想起家人团聚时共叙天伦之乐的美好情景。他决定写一部以《童年》为题的小说。

他小时候记的日记一直带在身边，这对托尔斯泰写作《童年》帮助很大。他以亲身的生活经历为基础塑造了小主人公尼古林卡的形象，描写了他纯洁美好的童年生活。写完后，他将手稿誊抄了三遍。他没有用自己的全名，而是署了姓名的前两个字母：列·尼。他将手稿寄到了彼得堡的《现代人》杂志编辑部，他同时还给杂志的主编，俄国著名诗人涅克拉索夫写了一封信，信中说："我怀着焦急的心情等着您的评判，这一评判也许将鼓励我继续做我心爱的工作，也许将使我把已经写好的东西付之一炬。"

一个月以后，托尔斯泰收到了涅克拉索夫的回信。信中告诉他《童年》已被编辑部采用，并说："我不知道您的续篇的情况，所以不敢武断，但我觉得作者是有才气的……请将续篇寄来。您的小说和才华都使我很感兴趣。"

又过了一个月，托尔斯泰收到涅克拉索夫的第二封信："尊稿即将刊登在《现代人》第 9 期上。我仔细读了校样，觉得这部小说要比我第一次读时好得多。我可以肯定作者是有才华的。我认为对您这样一个初学写作者来说，深信这一点，目前比什么都重要。"

这两封信使托尔斯泰受到了极大的鼓舞，也更坚定了他从事文学创作的决心。《童年》一发表，当时的作家都对它大加赞赏。著名作家屠格涅夫写信给涅克拉索夫说，这是一个大有希望的天才，如果写作能引起他的兴趣的话。他向他表示祝贺、敬意和欢迎。另外一位俄国著名作家陀思妥耶夫斯基当时正在西伯利亚流放，他写信给一位朋友，请这位朋友打听一下，这位神秘的有才华的列·尼是谁。反应最强烈的，要算是作家巴纳耶夫了，他是《现代人》的编辑，他在自己的熟人中间到处奔走，朗读《童年》的片断。有一次，屠格涅夫和他的几位作家朋友在涅瓦大街上散步，远远看见对面走来了巴纳耶夫。屠格涅夫赶紧对朋友说："巴纳耶夫来了，让我们躲开他吧！"

一位不知情的作家奇怪地问："为什么？你们吵架了吗？"

"没有。不过我得避开他，因为他一看见我就准会向我朗读起《童年》的片断。"那几位朋友顿时哈哈大笑。

托尔斯泰初试笔锋，就获巨大成功。于是，他一鼓作气完成了童年的续篇《少年》和《青年》。这是充满激情的三部曲。同时他还创作了《一个地主的早晨》、《袭击》等作品。

在高加索的一次冒险行动中，托尔斯泰差点成了当地山民的俘虏。那是1853年6月的一天，天气非常炎热，托尔斯泰和一个好朋友沙多，加上另外四个护送的士兵，护送一队载重马车去往另一个要塞。车队在山路上跋涉，走得非常缓慢，托尔斯泰无法忍受这种单调烦闷的行程，就对沙多说：

"沙多兄弟，咱们走得太慢了。我们俩骑快些，赶到车队前面去，怎么样？"于是沙多和托尔斯泰违反了行军纪律，越过车队到了前面的山坡上。他们让另外的士兵在山谷中前行，自己走上山坡，观察周围的动静。就在刚刚走上山顶的时刻，他们就看见了三十来骑人马向他们驰来，他们正是当地的鞑靼山民！托尔斯泰赶紧向山谷下的伙伴报警，并和沙多拼命沿着山脊向后狂奔。当时沙多骑的是一匹托尔斯泰平常骑的跑不快的马，而托尔斯泰却骑着沙多的壮马，一会儿，沙多落后了，鞑靼人包抄上来，眼看就要开枪射中沙多，托尔斯泰不能舍下沙多，他想返身保护危急之中的朋友。在这万分危急的时刻，驻军中的哥萨克骑兵出现了。是要塞的哨兵报的警。他们脱险了。原来鞑靼人只想活捉沙多，因而没有向他射击。

托尔斯泰后来将这次经历略作改动，写成了短篇小说《高加索的俘虏》。

19世纪中叶，沙俄帝国不断向外扩张。1854年土耳其对沙俄宣战。已是炮兵准尉的托尔斯泰被调往塞瓦斯托波尔前线作战。

塞瓦斯托波尔是俄国黑海沿岸的一座港口城市。这里风景优美，有辽阔的天然海港，但那时已被弥漫的硝烟和战火包围。俄国军队士气高昂。海军上将亲临前线视察，他慷慨激昂地向官兵发问：

"弟兄们，决战的时刻到了，你们敢死吗？"

"我们敢！乌拉！（俄语，"万岁"的意思）"士兵们齐声呐喊。

为俄罗斯而战的狭隘的爱国主义使托尔斯泰热血沸腾。他在战斗中表现得沉着、勇敢。战斗间歇，他趴在掩护的地方写作。士兵们奋不顾身的英雄气概、临终前的痛苦呻吟，在他的笔下栩栩如生地再现出来。他写成了三篇有关塞瓦斯托波尔战斗的特写。

托尔斯泰在高加索与塞瓦斯托波尔的戎马生涯，对他后来的创作产生了不可估量的影响。在巨作《战争与和平》中，托尔斯泰对自己的切身经历作了动人心魄的再度创造。

托尔斯泰确认了自己在文学方面的才能，深信自己不会是文坛偶然的过客。他想集中精力搞创作，因而产生了退役的念头。1853 年年底他递交了要求辞职的申请。可是不久，俄国对土耳其宣战，克里米亚战争爆发了。军队中的退辞和请假都被严格禁止。

1854 年 11 月，他要求调到塞瓦斯托波尔去，因为，敌人在塞瓦斯托波尔附近登陆，使他非常痛心。

在英、法、土三国包围中的塞瓦斯托波尔，他亲眼看到了俄军士兵大无畏的勇敢精神。他给谢尔盖哥哥写信说："部队的士气高得难以形容，在古希腊时代也见不到这般的英雄气概。"另一方面，他也觉察到了俄国军队高级统帅的昏庸无能和国家制度的腐朽。他认为，当时的俄国，或者垮台，或者从根本上加以改造。

他被安排在最危险、离敌人最近的防御点——第四号棱堡作战。在棱堡值班每次都是连续四昼夜，每天都能遇到令人瞠目的危险。一次，他看到一颗炮弹落到正在街上玩玩具马的一个男孩和一个女孩身边，他们抱在一起倒在了血泊中。

1855 年 5 月 11 日，这里进行了一场激战，当时他正在第四号棱堡值班。

经过残酷的炮击后，双方展开了白刃战，最终棱堡被法军占领。俄军伤亡2500人，法军伤亡2300人。

5月15日，托尔斯泰被任命为炮兵排排长，驻扎在距塞瓦斯托波尔20俄里的波尔别克河畔。

由于在第四棱堡作战勇敢，托尔斯泰荣膺了"四级安娜勋章"、"保卫塞瓦斯托波尔"奖章和"1853—1856年东方战斗纪念"奖章。他的伙伴们称他是"名副其实的炮兵连灵魂"，"百里挑一的同事"，"心地纯洁的朋友"。

塞瓦斯托波尔保卫战坚持了11个月。在8月28日塞瓦斯托波尔保卫战的最后一天，托尔斯泰指挥着五个炮兵连作战。他一直坚持到城市的最后陷落，而且是最后一批撤离城市的。他给朋友写信说：

"28日是我的生日……对我来说这是个可纪念和悲痛的日子……当我看到浓烟笼罩的城市，看到我们的棱堡上插着法军的旗帜时，我哭了。"

由于俄国上层统治集团的腐败、无能和武器装备的落后，使塞瓦斯托波尔陷落了，而对英勇保卫塞瓦斯托波尔的士兵，卡尔·马克思曾说："俄国军队是欧洲最勇敢的军队之一。"

经历了塞瓦斯托波尔出生入死的浴血奋战，托尔斯泰感慨万端，于是挥毫写下了三篇塞瓦斯托波尔的故事，即《12月的塞瓦斯托波尔》《5月的塞瓦斯托波尔》和《8月的塞瓦斯托波尔》。在作品里，他尽情歌颂了普通士兵的英勇战斗精神和忘我的爱国主义激情。他认为，对祖国的爱这一最崇高的感情，能使人在枪林弹雨下，在九死一生中，在不断的劳动、熬夜和艰苦的环境下泰然自若。他说："我的小说中的英雄，我倾全部的心灵力量去爱他，我曾经竭力从他的一切的美中去再现他，过去、现在和将来他都永远是美的。"他热烈地赞美说，"请你们清清楚楚地认识一下你们现在所看见的那些人物吧！去想象他们就是那些在艰难的时刻不曾绝望、反而振起了精神，不是为了一个城市，而是为着祖国乐意捐躯的英雄吧！塞瓦斯托波尔的这一篇英雄史诗将在俄罗斯长留着伟大的痕迹，俄罗斯的人民才是它的英雄。"作品在歌颂普通士兵的同时，谴责了上层军官的渺小、卑鄙、昏庸、无能，他们为了升官发财而不择手段。

批评界欣喜地欢迎着托尔斯泰那些关于塞瓦斯托波尔的新作。作家阿·费·皮谢姆斯基说："这个小小的军官会把我们大家都排挤掉的。"屠格涅夫用感叹的语气预言："这酒是新酿的，但是经过充分的发酵，一定会成为可以奉献给神明的饮料。"沙皇亚历山大二世甚至下令把《12月的塞瓦斯托波尔》译成法文。

在完成"塞瓦斯托波尔故事"的同时，他在参战期间还完成了自传性三部曲的第三部《青年》（第四部《壮年》未写）。

塞瓦斯托波尔陷落后，托尔斯泰决心退伍还乡。屠格涅夫也写信对他说："要是您能够离开克里米亚，那可太好了。您已经证明自己不是胆小鬼，而军事生涯到底不是您的职业。您的使命是做文学家……您的武器是笔杆，而不是军刀……"

1855 年 11 月，也就是塞瓦斯托波尔陷落三个月后，托尔斯泰起程赴彼得堡。一下火车，他就直奔屠格涅夫的寓所，涅克拉索夫闻讯也立即赶来。三人一见如故，欢聚一堂，开怀畅叙，其乐融融。涅克拉索夫称赞托尔斯泰是"一个可爱的、精力充沛的、高尚的青年——鹰"。屠格涅夫说自己对托尔斯泰怀着"一种奇怪的、像慈父般的感情"。

人们热烈地欢迎托尔斯泰，不仅公认他是果戈理的继承人、俄罗斯文学的希望，而且盛赞他是克里米亚战争的英雄，塞瓦斯托波尔的英勇保卫者。

与屠格涅夫的恩恩怨怨

　　1855 年 11 月的一天，托尔斯泰从塞瓦斯托波尔来到彼得堡。由于妹妹玛丽亚的安排，他一到彼得堡就去拜访屠格涅夫。虽是初次见面，但互相间早已读过作品。那时，屠格涅夫是文坛泰斗，年龄 37 岁；托尔斯泰 27 岁。屠格涅夫极为欣赏托尔斯泰的艺术天分。他请托尔斯泰无论如何到他家去住，托尔斯泰同意了。屠格涅夫认为自己有责任关心、爱护这位文坛新秀，对他怀着一种奇怪的、近乎父子间的感情，或像一个年老的保姆一样关心他，把他介绍给彼得堡的文学圈。

　　到达彼得堡的当天，托尔斯泰还由屠格涅夫陪同去拜访了涅克拉索夫。几年来，托尔斯泰的每一篇作品都是涅克拉索夫编发的，托尔斯泰十分感谢和尊敬这位著名诗人。涅克拉索夫家也是《现代人》杂志社的所在地。在这里，托尔斯泰与当时文坛最重要的两位作家一起畅谈、吃饭，直到晚间才离去。不久，在他们的介绍下，托尔斯泰与德鲁日宁、奥斯特洛夫斯基、冈察洛夫、格里戈罗维奇、丘特列夫、皮谢姆斯基等一大批文学家相识了。这位年轻的军官，当他初次跻入文坛时，就接触到了第一流的大师级的人物。这些人物当时都团结在《现代人》杂志周围。

　　《现代人》是普希金等人在 1836 年创办的月刊，1847 年起由涅克拉索夫和巴纳耶夫主持，在很长一段时间里，它是文学和解放事业的一面旗帜，在俄国历史上有重大影响。第一次参加《现代人》宴请时，托尔斯泰是由早在莫斯科就认识的格里戈罗维奇陪同去的，因为他与那些人不熟。路上，格里戈罗维奇提醒他，到那里后那些话不能说，比如，不要攻击乔治·桑，尽管他不喜欢她，因为《现代人》中的许多成员狂热地崇拜乔治·桑。起初，宴会进行得很顺利，托尔斯泰很少插言，但宴会快结束时，当听到有人称赞乔治·桑的新小说时，托尔斯泰突然插话说：乔治·桑小说中的女主人公如果存在于现实中，应当把她们绑在刑车上游街示众。他的观点立刻引来大多数人的反对，双方吵了起来。在争吵中，托尔斯泰的话尖锐刻薄，给人一种执意吵架的印象。特别糟糕的是，对方越是具备权威地位，他的攻击就越猛烈，常令权威下不来台。这天饭后，涅克拉索夫给人写信时说："天晓得他脑袋里想些什么！他说了很多糊涂话，甚至讨厌的话。如果这种贵族和军官的影响的痕迹在他身上不改变的话，那就太可惜了。这个卓越的人才就要毁了！"屠格涅夫也在信中说："我几乎和托尔斯泰吵翻了，不，老兄，要使不学无术的现象不反映出来无论如何是不可能的。前天在涅克拉索夫那里吃饭的时候，他关于乔治·桑说了那么多庸俗粗鲁的话，简直无法转告。"

大家很快便发现了托尔斯泰是本能地敌视一切既成的见解的，他随时准备提出相反意见，对方越有权威，或者所谈的对象越有权威，他的反对就越强烈。比如有一次，在一个雕塑家的家里，有人朗诵赫尔岑的新作，托尔斯泰静静地听完，然后便狂热地攻击正流行的对赫尔岑及其革命与解放内容的作品的崇拜，他讲的是那样尖锐、热情，结果，从此在这雕塑家的房子里再也未见过赫尔岑的著作。屠格涅夫有一次说：托尔斯泰……从不相信别人的真诚……老是用他那双特别能洞察一切的眼睛，盯着那些使他起疑的人物，很少有人能像托尔斯泰那样以多疑的眼光、三言两语恶毒的话就激起一个人的狂怒、扫兴和沮丧。

观点的不同常常演变成真正的口角。据格里戈罗维奇的回忆，在一次争吵中屠格涅夫用手捂着喉咙说："我不能再说了，我有支气管炎！"托尔斯泰立刻说："支气管炎是一种想象出来的病。支气管炎是一种金属！"主人涅克拉索夫十分着急，他怕因为口角而使《现代人》失去两位中的任何一位。格里戈罗维奇走到躺在沙发上的托尔斯泰跟前劝他："您别激动，您不知道他（屠格涅夫）是多么器重您、爱您！"而托尔斯泰看着走来走去的屠格涅夫气呼呼地说："我不能容许他瞧不起我！你看他走来走去，这是故意的，故意摆动他民主的屁股！"

锋芒毕露的托尔斯泰有一次甚至做出这样的事情：有一天晚上在涅克拉索夫家玩纸牌时，一位《现代人》的撰搞人送来一封信，因涅克拉索夫忙于斗牌，就请托尔斯泰读一下信，恰巧信中有批评托尔斯泰缺少自由思想的词句。托尔斯泰什么也没说，离开房间后立刻给那位撰稿人写了一封挑战书，结果，复信没来，来的是忧郁的涅克拉索夫，他说："如果你不收回挑战书，只得请您也与我交换一次射击。这件事全是我的错，我得负责任。"托尔斯泰没收回挑战书，对方也不答复。三个月后，托尔斯泰从庄园写信给涅克拉索夫，承认了自己的鲁莽。

其实，在托尔斯泰鲁莽的行为之下，掩盖着一些真理和真诚。他为什么攻击乔治·桑的小说？从他后来的作品中可以找到答案："在人类野蛮的天性中，兽欲真使人作呕啊……可是，只要这兽欲是赤裸裸的，我们还能够站在精神生活的高处观察它，瞧不起它；只要一个人陷入兽欲生活中还能挣扎，那么，人终归还是人。可是，当这同一兽欲躲藏在一件诗歌的、审美的外套底下，要求人们向它膜拜——于是人们完全为兽欲所吞噬……就再也不能分辨善恶了。这是多么糟啊。"这就是他攻击乔治·桑的根本原因。托尔斯泰对于道德感的真实、鲜明的标准，从青年时代就坚定不移地树立起来。

实际上，在那段时光里，托尔斯泰经常为自己的鲁莽而后悔，他在日记中写道：

> 到屠格涅夫处晚餐（为涅克拉索夫的一首诗生起气来，真笨），我说了些使人人都难堪的话。屠格涅夫走了，我十分难过……

在彼得堡，托尔斯泰每天的生活是宴会、吉普赛女郎、纸牌、舞会，玩一整夜，然后睡得像死人一样直到下午。1856年2月2日，他得知三哥德米特里的死讯，第二天早上，亚历山德拉姑妈请他参加一个晚会，他回信说不能参加，因为哥哥死了，然而到了晚上，他却突然出现在晚会上。亚历山德拉问他为什么来了？他回答："为什么？因为今天早上我给您写信撒了谎。你看，我来了，可见我能来。"亚历山德拉说："为了要做一个诚实的人，你就歪曲事实真相。"后来托尔斯泰不留情面地分析了自己的情感：

> 这里我是特别令人厌恶的。我从彼得堡来到奥略尔，参加了那里的社交界，十分自负。我为三哥悲伤，但是也不太悲伤。我匆匆看了他一次，并没有在奥略尔待下去。我离开了几天，三哥就死了。我记得很清楚，最使我不快的，是他阻止了我去参加当时在官里举行的私人性质的戏剧排演，我原是被邀请了的。
>
> ……

1861 年 5 月 25 日，托尔斯泰应邀去拜访屠格涅夫。屠格涅夫刚写完了代表作长篇小说《父与子》。晚饭以后，托尔斯泰独自留在客厅里，斜倚在一张大沙发里，舒舒服服地读《父与子》的手稿。不知怎么回事，也许是因为他不喜欢这部小说所写的内容吧，读着读着，他就睡着了。一觉醒来，恰好看见屠格涅夫离去的身影。他知道自己的行为不礼貌，但屠格涅夫并未说什么。第二天，他们一起去拜访费特。

费特意外地见到两位小说家朋友来访，十分高兴，立刻安排好房间请他们住下。当天，三位作家进行了热烈的交谈，并品尝了费特夫人认真准备的"实惠而且是请客样子"的午餐，然后到旷野上的小树林散步，躺在高高的草地上。被称为"美食家"的屠格涅夫十分欣赏费特家厨师的手艺。

又一天的早晨八点左右，主人和客人一起一边吃早饭，一边闲聊。费特夫人知道屠格涅夫对他的在法国长大的女儿的教育十分重视，便问他对聘请的英国家庭教师是否满意。屠格涅夫很欣赏这位女教师，夸奖她以英国人惯有的认真精神，要求他把女儿每个月捐给慈善事业的钱款固定下来，"她还要求我女儿亲手为穷人补衣服。""您认为这样做很好吗？"托尔斯泰问。

"当然了！这样做可以使做慈善事情的人直接了解穷人的生活和需要。"屠格涅夫回答。

"然而我认为一个打扮得漂漂亮亮的姑娘，手中拿着又脏又臭的破衣服缝补，完全是在做戏。"

"我请您别说这种话！"屠格涅夫提高了声音。

"我所确信无疑的观点，为什么不能说？"托尔斯泰应声回答。

屠格涅夫气得脸色发白，他从餐桌旁一跃而起，大声喊道："您再这样说话，我就要打您耳光。"说着，他双手抱头，跑到另一个房间去了。片刻，他又跑回来，向女主人说："看在上帝的份上，请原谅我的失态，我向您道歉。"说完，他又离开了。

费特了解这两位朋友的脾气，现在调解是不可能的，于是，他先吩咐套好屠格涅夫的马车，送他离去，又用自己的马车把托尔斯泰送到驿站，并为他雇好一辆马车。托尔斯泰一路上激动不已，他在第一个歇脚点给屠格涅夫写了一封信："但愿您的良心已经告诉您，您在我面前，特别是当着费特夫妇的面，您的行为是多么的不当。请您给我写一封能让费特过目的信件。如果您认为我的要求过分的话，请原谅。我将在下一驿站等您的回音。"然而，由于屠格涅夫应托尔斯泰的要求的回信送错了地方，激动的托尔斯泰认为是新的侮辱，在盛怒之下又写了第二封信，提出决斗，同时请人去取手枪。不久，屠格涅夫的第一封信送到了：

列夫·尼古拉耶维奇阁下：

作为对您的来信的答复，我只能向您复述在费特家中就应该对您说的一句话，由于一股无明火，其原因无需在这里详述，在您看来，我没有任何理由侮辱了您，请您原谅。今天早上发生的事已经证明，任何想使您和我这样性格相反的人接近的企图都不会有好结果，所以我很愿意在此满足您的要求，这封信大约是我们的关系结束的标志。我诚心希望这封信能使您能满意，您如何处理这封信，我均无异议。

致以深深的敬意，我将永远是阁下的仆人。

伊凡·屠格涅夫

读了这封信后，托尔斯泰给费特写信说：

愿您和这人的关系一帆风顺。但是，我瞧不起他。我已给他写了信，从此断绝一切往来……我对他的回信是满意的，我回信只是说我原谅他的原因并不是性格不同，而是他自己知道的一个原因。由于他的信来迟了，我寄去了另一封内容相当激烈的信，要求决斗。这封信的回信还没来，要是来了，我打算不拆看便退回去。这件令人难受的事就这样过去了……

屠格涅夫答复挑战的那封信是这样写的：

您说要等我回音，可是我觉得已无话可说，要说的话也只是承认您有权利要求我决斗……我不说漂亮话，我情愿忍受您发火，以改正我的确实狂妄的话。我讲的那些话，与我的一生行为相去甚远，我只能说我的荒谬行为来自我们的观点极端对立所引起的激动……

大约过了一个月后，托尔斯泰在日记中写道："和屠格涅夫吵架吵得好，彻底吵翻了——他是个十足的下流坯，不过我想，以后我会忍不住原谅他的。"又过了三个月，托尔斯泰给屠格涅夫写了一封信，信中说："如果我侮辱了您，请您原谅，想到我有一个仇人真叫我难过得受不了。"然而，也就是在这几个月间，有关那件事的谣言到处传播。屠格涅夫听说，托尔斯泰到处说，屠格涅夫对托尔斯泰的挑战怕得要命，他是因为胆怯才逃避决斗的。于是，屠格涅夫从巴黎给托尔斯泰来了一封信："听说您在莫斯科散发一封给我的信的抄本，说我是一个胆小鬼，不敢决斗等等。现在让我回去，是办不到的，但是……明年春天我回到俄国时，将要求与您决斗。"

两位作家的关系重又紧张起来。尽管托尔斯泰认为"要在事隔一年之后，在两千俄里之外的地方去跟人家，特别是跟他进行决斗，这就好比要我化装成野蛮人在大街上跳舞一样不可能"，但他不再考虑和好的可能，甚至迁怒于总在他和屠格涅夫之间协调关系的费特，1861 年 12 月，他给费特的信的附言中写道："请您再不要给我写信了，因为我不再拆阅您的信，就像不看屠格涅夫的信一样。"

其实，屠格涅夫和托尔斯泰的不和，不是出于性格不同，而是各种生活观点的差异。屠格涅夫和托尔斯泰都出身于贵族，但屠格涅夫以贵族做派为荣，托尔斯泰却更喜欢农民；屠格涅夫崇尚诗意的美，作品以抒情为特色，托尔斯泰则要求完全的真实，忍受不了一点矫情的东西，这也是托尔斯泰不喜欢屠格涅夫的大多数作品（《猎人笔记》除外）、反对贵族女孩抱着穷人破衣的原因。屠格涅夫是艺术至上者，他一直反对托尔斯泰放下文学去从事社会公益事业，如教育事业，认为他总在搞怪名堂，在翻筋斗。他曾在一封给费特的信中用诗写道：

> 请您跟尼古拉·托尔斯泰接吻
>
> 并向列夫·托尔斯泰致敬
>
> 还有他的妹妹，亦请问候
>
> 他自己在信末附言中写得对：
>
> 我没有必要给他写信
>
> 我知道他不怎么爱我
>
> 我对他也不怎么亲近
>
> 我们俩各有不同的天性
>
> 不过人世间存在不少道路
>
> 因此我们不想干涉对方的事情

屠格涅夫与托尔斯泰的隔阂，还有另一个原因，托尔斯泰的大哥曾说过："屠格涅夫无论如何不能容忍这种想法，即列沃奇卡（托尔斯泰的爱称）正在成长并脱离他的监护。"

又过了许多年，托尔斯泰回顾这一段的生活，对包括屠格涅夫在内的所有作家同行进行了苛刻的评判：

> 这些人——我在创作上的同行的人生观是：生命总是向前发展的，我们这些有见地的人是这种发展的主要参加者，而在有见地的人中间，最有影响的要算我们——艺术家、诗人……我被认为是一个非常出色的艺术家和诗人……相信诗的意义和生命的发展是一种信仰，我曾为之献身。为它献身

是非常有利和愉快的。我依靠这一信仰生活了许久，并不怀疑它的正确性。可是这样生活到第二年，特别是第三年，我就开始怀疑这一信仰的正确性，并开始研究它了。使我怀疑的第一个原因是，我发现献身于这一信仰的人并不都一致。一些人说，我们是最好的和有益的导师，我们教的东西都有用，而别人教得不对。另一些人则说，我们才是真正的导师，你们教得不对。他们又吵又闹，互相指责，钩心斗角……另外，由于怀疑作家的信仰的正确性，我更加注意观察献身于创作的人，并且确信，几乎所有献身这一信仰的人，即作家，都是不道德的人，而且大部分是坏人，性格猥琐，比我以前放荡不羁和当军人的时候见到的要低下得多。但是他们很自信，自我欣赏……

也许，这才是托尔斯泰和屠格涅夫不和的根本原因。

欧洲文坛的震惊

1862 年，34 岁的托尔斯泰认为应该把婚姻和家庭问题提上日程了。近一个时期以来，他和莫斯科的宫廷御医安德烈·叶夫斯塔菲叶维奇·别尔斯一家关系十分密切。别尔斯家有三个女儿和五个儿子，都受过良好的教育。托尔斯泰特别钟情于他们家的二女儿索菲娅。8 月初，索菲娅的母亲柳鲍芙带着孩子们去伊维茨庄园看望她的父亲，途经雅斯纳亚·波良纳，顺路看望了自己童年时代的朋友托尔斯泰。柳鲍芙有心促成他和大女儿莉莎的婚事。托尔斯泰十分热情地接待了他们，并亲自给索菲娅铺好被褥。第二天，他们又一起到郊外去野餐。几天后，他又跟随他们一家人到了伊维茨。

在一个温馨、迷人的夜晚，托尔斯泰向索菲娅表白了心意，他用粉笔在桌面上写了一句话中每个词的词首字母，索菲娅迅速念道：

"您的青春和对幸福的渴望使我非常强烈地联想起自己的衰老和对幸福的无缘。"

托尔斯泰十分欣赏索菲娅的聪明和反应之敏捷。接着，他又写了一句话中每个词的词首字母，索菲娅又念道：

"在你们家里存在着一种关于我和您的姐姐莉莎的错误观念，您和您的妹妹塔涅奇卡要为我辩护。"

由于圆满解答了如此高深的测验，也由于感觉到了他对她的爱，索菲娅兴奋和喜悦得两颊通红。

托尔斯泰越来越倾心于索菲娅，喜欢她的质朴、开朗和睿智。

三个星期后，托尔斯泰交给索菲娅一封信，信的结尾说："作为一个诚实的人，请您告诉我，您是否愿意做我的妻子？只要是出自您的内心，您可以大胆回答，假如您心里还有阴影，最好说不行。"

索菲娅激动地看完了信，就奔向自己的父母。

托尔斯泰在她母亲的房间里等待答复。

索菲娅刚一跨进门，他就赶忙问道："事情怎么样？"

"当然，同意。"索菲娅幸福地答道。

一个星期之后，他们举行了婚礼。婚礼刚刚结束，托尔斯泰就和新婚的妻子乘坐一辆六套马车前往雅斯纳亚·波良纳。这是一个清爽宜人的秋日黄昏，天还下着蒙蒙细雨。第二天他们到了雅斯纳亚·波良纳。达吉亚娜姑妈戴着包发帽，披着披肩，亲热地迎接索菲娅。按照古老的习惯，她拿着圣像为她祝福，他的哥哥谢尔盖也遵循着古老的习惯，把面包和盐献给她，而且，把所有的经济账簿、钥匙全部交给了年轻的女主人。

婚后的生活很幸福，托尔斯泰曾写信给好友费特说："亲爱的费特，我结婚两个星期了，真幸福，我变成了一个新人，一个崭新的人。"

后来，无数的事实证明托尔斯泰的家庭生活是幸福的，索菲娅不仅是一位好妻子、好母亲，还是托尔斯泰文学上的得力助手。索菲娅对丈夫的文学天才显示了极其感人的献身精神。她有非凡的精力，抄写了丈夫堆积如山的手稿。她还有一种惊人的技巧，能识辨他的常常一塌糊涂的字体。在妻子的支持和倾心全力协助下，托尔斯泰终于选定了自己所走的文学创作的道路。

婚后，托尔斯泰过去常常涌上心头的苦恼和厌烦的情绪一扫而光，他感到有一种空前未有的幸福感。他给亚·托尔斯塔亚姑妈写信说："我活到 34 岁，还不知道能够这样去爱，能够这样幸福。"他还说："我从未感到自己的脑力甚至整个精神力量像现在这样旺盛，这样善于工作。"他萌发了极大的创作热情，为了不中断思路，他要求自己必须每天坚持写作。

农民问题是托尔斯泰一生探索和写作的核心问题，他于 1862 年写的中篇小说《波里库什卡》就是一篇反映农民悲惨命运的重要作品。小说主人公是给女地主看马的农奴波里库什卡，他一家七口挤在一间小屋里，由于极端的穷困，他染上了小偷小摸的毛病，因此名声不好。有一次，女主人想考验他一下，让他到城里去取一大笔款子，没想到回来的路上不慎把款子丢失了。他知道女主人不会相信他，在无路可走的情况下，他悬梁自尽了。妻子因他的死而精神失常，小儿子己掉在水盆里溺死了。托尔斯泰怀着极大的同情，为我们描绘了一幅惨不忍睹的画面，他力图说明，波里库什卡的悲剧是残酷的农奴制度造成的。

在这一时期，他以农民生活为题材的小说，主题都是在谴责贵族地主阶级的腐朽，悲叹农民的苦难。《霍尔司多麦尔》就是很有代表性的杰作。

霍尔司多麦尔是一匹马的名字，它一脱离母体，很快就长成为一匹非常矫健、跑得飞快的好马，深得主人宠爱。一次，年轻的主人为了追赶逃跑的情妇，一口气赶着它狂奔了几十里，结果把它累坏了，不能再供主人享乐。从此，它就被卖来卖去，更换了好几个主人，最后力尽气绝，悲惨地倒毙了。死后，它的骨头和肉都被派了用场。

霍尔司多麦尔实际上就是俄国农奴制奴役下千百万农奴的化身，它辛劳、悲苦的一生就是农奴给地三当牛做马一生的真实写照。作品用拟人化的手法，通过霍尔司多麦尔的观察和体验，无情地谴责了地主贵族的不劳而获和骄奢淫逸，从而深刻地揭示了农奴制的罪恶。

这篇作品形象而生动地说明了托尔斯泰的思想感情已经向宗法制农民方面转化。农奴制改革后，托尔斯泰的思想又有了新的飞跃。他认为要想做个好地主，也就是说，贵族要想获得新生，就必须向宗法制农民看齐，走贵族平民化的道路。

托尔斯泰第一篇探索贵族平民化的小说是在高加索就动手写的《哥萨克》。

《哥萨克》和前期写的《一个地主的早晨》在主题上有密切关系，都是在探讨如何改善贵族和农民的关系问题。不过《哥萨克》重点不在揭示农民的贫困，而在揭示贵族寄生生活的腐败和可耻，歌颂劳动者的勤劳、乐观和富有自我牺牲精神。在这篇作品里，托尔斯泰通过主人公奥列宁的形象，明确指出了贵族"平民化"的思想。

屠格涅夫认为《哥萨克》是部令人惊叹的作品，评论界也认为《哥萨克》第一次迸发出托尔斯泰的天才之光。这一切都进一步激发了他的创作热情，他产生了写作一部宏伟巨著的愿望，他想创作一部长篇的叙事史诗。1863 年 2 月 25 日，索菲娅告诉妹妹塔尼亚："列夫开始写新小说了。"这新小说就是俄国文学史上第一部长达 130 万字的长篇史诗《战争与和平》。

为了集中精力写作，托尔斯泰把自己的书房移到楼下一间曾经做过贮藏室的小屋，任凭楼上如何喧哗、歌唱、嬉戏，自己则能在安静的一角充满灵感地从事创作。他搜集了大量素材，研究了有关 1812 年卫国战争的信件、手稿、报纸、书籍，在档案室里翻阅历史文献，和熟悉 1812 年战争的军人交谈，因而那个时代的杰出人物的生活、欢乐和他们的悲痛，都呈现在他的眼前。他还努力在周围的人中寻找小说中人物的影子。他有个随身携带的笔记本，把想到的和观察到的及时记在本子上。

"你老是往你的小本子里记些什么东西呀？"一次他的妻妹塔尼亚忍不住问他。

"记的就是你们。"

"我们有什么可记的呢？"

"这就是我的事了，真实总是有趣的。"他回答。

还有一次，他开玩笑地对塔尼亚说：

"你以为你在我这儿是白住的吗？我把你的行动都记下来了。"他笑着举着手里的小本子，"我有一个贮藏万物的百宝囊。"

于是，他在塔尼亚·别尔斯身上找到了娜塔莎·罗斯托娃的原型。老包尔康斯基公爵的原型是他的外祖父沃尔康斯基，公爵小姐玛丽亚·包尔康斯卡亚的原型则是他的母亲。本来老公爵没有儿子，但他说他特别喜欢杰出的青年安德列，所以就决定让安德烈做老包尔康斯基的儿子。当然，为了塑造成某一特定的典型，必须观察许许多多的同类人物。他曾说："假如我的整个劳动只是复制人物的肖像，了解、记忆……我是耻于出版的。"

托尔斯泰完全沉浸在文学创作之中，几乎达到了忘我的程度。有一天，他为了换换脑子好更有效地写作，便骑上爱马出去驰骋，两匹猎狗也随之出发。途中突然跳出一只野兔，猎狗冲了上去。由于气候不好，路又很滑，他刚一挥鞭，马就失足跌倒在狭窄的沟边，他从马上摔下折断了胳臂，人也晕倒在地失去了知觉。当他清醒过来以后，使出全身力气才勉强地来到大路旁。人们找到了他，他怕妻子惊慌，要求在附近的农民家请医生医治，以致这只摔坏的胳臂前后医治了半年才基本复原。但托尔斯泰并没有因胳臂受伤而中断创作，手不能写字，他便口授，请塔尼亚做记录。塔尼亚曾回忆说："他用一只手托着另一只受伤的胳臂，脸上是一副聚精会神的表情，在房间里踱来踱去。"

有时，他口授得很流扬，像背书一样，脸上的表情平静而欢快，有时又很不顺利，人也显得急躁和冲动。有时，塔尼亚写着写着，会突然听到他大声地说："不行，糟糕，不合适！"或者干脆说："删去。"

在同一个地方，他有时要重复修改三四次，甚至五六次，直到满意为止。

托尔斯泰不仅写作态度极其严肃、认真，而且在写作的思想高度上也超过了前人。1812 年的卫国战争已经过去 50 年了。战争给俄罗斯人民带来了沉重的灾难，使人民付出了巨大的牺牲；战争也显示了俄罗斯人民的勇敢和无畏，造就出许许多多体现人民意志的英雄人物。可官方出版物和宫廷历史学家把一切成就都归功于沙皇亚历山大一世和他的将军们，认为只因有这些上层人物才拯救了俄罗斯。托尔斯泰研究了与 1812 年战争有关的资料，经过认真思考，得出了完全相反的结论。他说："在历史的事件中，所谓大人物是给事件命名的签条，也正如签条，他们与事件本身只有最细微的关联。"所以他认为沙皇的任何一个将领，甚至沙皇本人，都不是俄罗斯的救星，人民才是 1812 年卫国战争的英雄，才是战胜敌人的主要力量。他曾说："我的主人公不是拿破仑，也不是亚历山大和库图索夫，而是一些更自由、更人道的人。"

因此，在《战争与和平》中，托尔斯泰主要描写的是人民，他力图说明决定民族和国家前途的基本力量是人民。

托尔斯泰还曾说："为了作品的美好，就必须喜欢其中的主要的基本思想。因此，在《安娜·卡列尼娜》里，我喜欢家庭的思想，在《战争与和平》里，我喜欢人民的思想。"所以，人民在历史上的作用，人民在卫国战争中表现出的爱国主义精神，就是作品要表达的主题思想。

伟大的思想产生了伟大的动力，他日复一日、不知疲倦地在孤寂的小屋里写作。在楼上，索菲娅每天晚上都坐在小桌旁，抄写和辨认他的手稿，不以为苦，反以为乐。她曾深情地说：

"列夫·尼古拉耶维奇的《战争与和平》和其他一些作品的抄写工作，使我得到巨大的美的享受。我不是畏难地等待着夜晚的来临，相反，我是怀着喜悦的心情等待着抄写工作，它使我了解作品情节的进一步发展，又使我获得精神享受。活跃的思想，细腻的笔法，他创作中的出人意料的匠心和难以揣测的形形色色的艺术手法，都使我不胜赞佩。"

是的，《战争与和平》和其中的一些精彩篇章，既是他智慧火花的闪烁，也是他呕心沥血的结晶。作品中有一段俄法双方在鲍罗金诺进行大会战的激烈战斗场面的描写，虽几经修改，他却认为战争场面写得仍很抽象，不具体。

为了写得更真实、具体，他不辞辛苦，于1867年9月25日亲自乘驿车前往鲍罗金诺。经过两天的旅途辛劳，27日凌晨，他迎着朝霞巡视了鲍罗金诺战场的遗迹，他久久地凝视着遍布战场的纪念碑和堡垒，还特地画了一幅地形图，标明了每个村庄、河道的名称以及会战时太阳移动的方向等等。回来后，他把自己所得到的一些鲜明具体的印象和历史文献上记载的鲍罗金诺会战的状况联系起来，并对战场上主人公们的各种处境，做了种种设想。这一次有意义的活动增强了他写作的信心，他对索菲娅说："对这次旅行，甚至能经受住这场奔波，我非常满意，尽管我夜不能寐，而且饮食失调。只要上帝保佑我健康和安宁，我将写出别人从未写过的鲍罗金诺战役。"

托尔斯泰从来就不把写作建筑在空中楼阁上，而总是尽可能地写自己熟悉的、体会深的人和事。他认为真实是艺术的生命。所以，雅斯纳亚·波良纳的自然环境，那棵又高又大、有两抱粗却布满疤结的老橡树，是他外祖沃尔康斯基公爵时代就有的，小说中的"大路"就是通往雅斯纳亚·波良纳的林荫路。

长篇史诗性小说《战争与和平》从1863年写起，直到1869年完成。它以1812年的俄国卫国战争为中心，以别竺霍夫、罗斯托夫、包尔康斯基和库拉金四大家族为主线，通过战争与和平生活交错描写的手法，刻画了559个人物形象，集中反映了1805—1820年间的重大历史事件。

作品中着意刻画的两位主人公——皮埃尔·别竺霍夫和安德烈·包尔康斯基，是托尔斯泰心目中的理想人物。他们都在卫国战争的烈火中净化了自己的灵魂，在穿着军装的农民身上获取了精神的养料，他们是先进贵族走"平民化"道路的典范性人物。

《战争与和平》的发表，引起了评论界的轰动。屠格涅夫赞扬，小说具有"如此超凡的美，如此生动、真实和新颖。由于《战争与和平》的问世，列夫·托尔斯泰已经在我们所有当代作家之中居于首要地位"。他称托尔斯泰是当代整个欧洲文坛上最富有天才的作家，是俄国文学的希望。俄国作家尼·列斯科夫认为托尔斯泰以"杰出的技巧和惊人的敏感"描绘出宏伟的历史画面，以"真实而敏感的艺术家的生花妙笔"刻画出一系列成功的历史人物。他称《战争与和平》是俄国"当代文学的骄傲"。

完成《战争与和平》之后，为了缓解六七年的紧张劳动，家人和朋友都劝托尔斯泰好好休息一下。有人劝他去疗养，有人劝他去国外旅游，也有人建议他外出打猎等等。但是，他是一个孜孜不倦的人，是一个不屈不挠的、最勤奋的劳动者。他决定用三个月的时间，学会希腊语。于是他又满腔热情地、全神贯注地把精力集中在这一新的课题上。他从图拉请了一位希腊语教师，夜以继日地学起希腊语来。诗人费特听到这个消息，不相信他能做到，便写信说："要是你在短期内有资格领一张希腊文的毕业文凭，我就把自己的皮肤揭下来做文凭的羊皮纸。"

托尔斯泰却在回信中说："一星期之前我收到了你的信，因为我从早到晚都在读希腊文，来不及写信。不过，看来你的皮肤已经危险了。我完全生活在雅典，晚上做梦也在说希腊语。"

三个月后，托尔斯泰的希腊文便到了能不用字典阅读任何文章的程度，能阅读希罗多德、柏拉图、荷马、伊索的著作。他说："上帝给了我这股傻劲儿，多么使我高兴。"他认为在一切人类的文字中，希腊文具有"真的美""简单的美"。他还生动地比喻说："读荷马或伊索的译本像开水或蒸馏水，而原作却像溪流里的新鲜的泉水，那阳光照亮的闪耀的光彩使你喜爱，仅仅那泉水的点滴，就使它更清晰、更新鲜……可以夸耀，没有希腊文的知识就没有教育。"

他的毅力和刻苦结出了丰满的硕果。有一次他到莫斯科去拜访一位著名的教授、希腊语和希腊文学专家列昂捷夫。他们讨论了希腊文学。列昂捷夫不相信他能够在这样短的时间内学会这种文字，就提议他们看着书一同阅读。结果，有三段的意思两个人解释不同，共同磋商后，教授承认托尔斯泰的讲法是正确的。他十分惊异托尔斯泰的希腊文在三个月内就学得如此精湛。

托尔斯泰的语言才能实在是惊人的，他热爱各种语言，终身都在顽强地去尽量掌握各种语言。他精通法语、英语、德语、拉丁语、希腊语、斯拉夫语；能阅读乌克兰文、波兰文、捷克文、保加利亚文、塞尔维亚文和意大利文的书籍；研究过荷兰语、鞑靼语、古犹太语等等。他之所以这样渊博和精深，除了天才之外，坚韧不拔的毅力和永无止境的进取精神也是重要的条件。他常说："天才的十分之一是灵感，十分之九是血汗，我每一次用笔蘸墨水，都要在墨水瓶里留下一点血肉。"他认为"人是不可理解的创造物"，追求是无止境的，理想是指路明灯，没有信仰、没有追求的生活，无非是动物的生活。

1871 年 6 月初，索菲娅生下了第五个孩子。托尔斯泰非常喜爱他们，当大儿子谢廖沙患病的时候，他通宵达旦地守候在他的小床边。他还经常到婴儿室和孩子们玩耍，当小塔尼亚摇着小脑袋、含糊不清地喊叫着扑向他的时候，他便会情不自禁地把她抱起来举得高高的。

从外地回来给孩子们分发礼物，是托尔斯泰的一大乐趣。他经常把所带的礼物塞在身体的各个地方，有的塞在衣袖里，有的放在衣衫高高的领子里，有的揣在怀里，有的掖在腰间。然后，他慢慢地、像变戏法一样，从大家意想不到的地方取出一个瓷娃娃、一辆稻草编结的小马车、一个能蹦老高的小皮球等等。每拿出一样东西都会引来一阵惊叹、一阵骚动和一片笑声，全家人都沉浸在极度的快乐之中。

索菲娅喜欢自己喂奶，这在贵族妇女中是很少见的。关于孩子的教育问题，她特别尊重丈夫的意见。她亲自教孩子们学俄语和音乐，每个都教到10岁，她还亲自缝制他们头十年的衣服。此外，根据卢梭《爱弥儿》一书中，关于让孩子们享受极大的自由，不准用体罚和暴力对待孩子，给孩子以适当的宠爱与和善，以取得孩子们信任的主张，托尔斯泰还特意嘱咐家中所有的成年人，要注意言传身教，因为孩子们善于模仿。除了上课时间，孩子们并不和成人隔离。晚8点孩子们上床入睡之后，托尔斯泰常常说："现在我们更自由了。"

继写完《战争与和平》和学会希腊文之后，托尔斯泰到萨马拉草原进行了短期疗养。健康恢复后，他一面对雅斯纳亚·波良纳的宅邸进行扩建、修缮，一面以极大的热情承担起教育孩子的重任。1871—1872年，他对教育工作的兴趣超过了对文学创作的兴趣。他认为"理想的书籍是智慧的钥匙"。当时俄国用来教育儿童的书籍全都枯燥无味，晦涩费解。因而，他怀着极大的热情和自信开始编写《启蒙课本》。他对这项工作极为重视，在给亚·安·托尔斯泰娅的信中曾说："我对这个课本抱着这样一些自豪的理想，将来会有整整两代的俄国孩子，不管是皇室的孩子还是农民的孩子，大家都只用这个课本来念书，并且从它里面取得对文学的最初印象，而我在编写了这个课本以后，也可以问心无愧地死去了。"

为了把《启蒙课本》编得更好、更有趣、更科学、更有教育性，他研究了自然科学，而且对天文学发生了浓厚的兴趣，他常常通宵观察恒星和行星的运转规律。索菲娅曾在日记中写道："列夫彻夜视察星宿，直到天明。"

为了编写《启蒙课本》，托尔斯泰搜集了历史学、人类学、地理学、算术、语法等方面的资料，学习了古希腊、阿拉伯和印度文学，翻译和重写的故事、短文、小说、寓言约700篇。他力求把它写得优美、简洁、质朴、清晰易懂。他认为这项工作是神圣的，编好课本，就是为自己树立了纪念碑。

托尔斯泰编写《启蒙课本》的消息一传开，杂志社就纷纷前来索稿，两篇较长的故事《高加索的俘虏》和《天网恢恢》分别刊登在2月号和3月号的某一月刊上。整套课本包括373种作品，于1872年11月问世，开始销售缓慢，甚至遭到某些评论家的攻击，但托尔斯泰并不灰心，又反复进行修改。1875年包括256种作品的《新启蒙课本》一出版，就获得了极大成功，反复印行三十多版。其中《自愿胜于强迫》以及成套的短篇故事《布文卡和米尔顿》等作品，以其优美、简洁、故事性强而受到普遍欢迎。

为了了解孩子们能不能很好理解和接受课本，托尔斯泰于1872年新年之后，在自己新建的大房子里专门开办了学校，大约有30到35个孩子前来入学，他的孩子们也在这所学校上课。托尔斯泰亲自给孩子们上课，还吸引索菲娅和她的舅舅科斯佳给孩子们上课，取得了令人满意的效果。托尔斯泰还计划设立一所"树皮靴大学"（因为农民穿的都是树皮做的靴子），这就是说，他想建一所训练农民师资的学校，毕业的学生既可以为教师，又不脱离农业生产。不过，他的这一美好的愿望并未能实现。他认为，这是他"一生中唯一重要的事业"。

19世纪70年代初，托尔斯泰在老住房的旁边又建了一座两层的楼房。底层有一个带石砌阳台的大房间，作为他的工作室，楼上是客厅和餐厅。工作室里摆满了书架，壁龛里挂着大哥的遗像，其他墙面上挂着他最喜爱的作家狄更斯、叔本华的肖像以及好友费特年轻时的肖像，还有一幅1856年他刚从高加索到彼得堡时与《现代人》杂志的作家们的合影，其中有屠格涅夫、奥斯特洛夫斯基、冈察洛夫、格里戈罗维奇、德鲁日宁等。从工作室的窗户望出去，能看见草地、池塘和树木，还能看到远处的田野，田野上的铁路和过往的火车。

早在 1870 年初，写完《战争与和平》仅几个月时，托尔斯泰有一天晚上对妻子说，他构思了一种已婚妇女的典型，她出身上流社会，但失魂落魄，无所适从。他将把这个女人写成可怜和无辜的，而且过去构思的许多人物形象很容易地就排列到了这个女人四周。第二天，他就根据这一构思写了一点东西。许多年后，他向别人叙述了这一构思最初是怎样产生的："我也像现在这样，饭后躺在这个房间里，在这张沙发上，也是像现在这样的黄昏时刻。因为疲倦，我和瞌睡斗争着。突然，一只裸露着的女人的胳膊肘在我面前清晰地闪过。我不由得细看起来——这只胳膊又出现了，渐渐在我面前显出一个穿着华丽的舞会服装，颈部袒露着，面貌十分美丽的女人的身影，她用沉思的、痛苦的眼睛看着我。像我感觉的那样，我久久不能摆脱这个幻影，直到它像出现时那样消逝了。但是从那时起，这个幻影再也没有和我分离过。我把它记在心上，在心里和它谈话，而且不知不觉地揭开了它的秘密。从那个时刻开始我产生了无论如何要讲述这个秘密的要求，而且直到动笔之前，我一直坐立不安。"

1872 年 1 月，在附近的村里发生了一场悲剧：邻居比比科夫的情妇安娜·斯捷潘诺夫娜由于嫉妒比比科夫同别的女人的关系，卧轨自杀了。那年代铁路在俄国出现的时间不太久，卧轨自杀特别令人吃惊。托尔斯泰曾到出事地点目睹了死者惨状，留下了难以磨灭的印象。又过了一段时间，当他编完了《启蒙课本》，并终于决心放弃彼得大帝题材的时候，几乎在没有多少准备的情况下，突然开始了一部新的长篇小说的写作。事情的开始带有一点传奇色彩。

一天，大儿子谢廖沙给达吉亚娜姑奶奶读普希金的《别尔金小说集》，姑奶奶很快就睡着了，阅读停止了，书就放在窗台上。第二天早晨，托尔斯泰顺手拿起这本书翻阅,读到一个片断中的第一行"客人们纷纷来到别墅里",赞叹不已,于是,不由自主地、无意地开始想象构思已久的人物和事件,故事迅速地展开……他走下楼来到工作室,拿起笔写下了新的长篇小说的第一句话:"奥勃朗斯基家里一切都乱了套。"后来他向别人提起这件事时说,普希金的力量就在于,他不用多余的话和多余的描写,立即就把读者引入了生活、情节。

新的长篇小说女主角的名字原叫达吉亚娜,后改为安娜,这显然是受了那位卧轨自杀的女子安娜·斯捷潘诺夫娜的影响,小说的名称便定为《安娜·卡列尼娜》。安娜这一人物形象的另一个来源是普希金的女儿玛丽娅·亚历山大洛夫娜·加尔童克。有一次,托尔斯泰和妻妹塔尼亚去图拉参加舞会,在舞会上见到加尔童克,为她的美貌、得体的发型服饰所吸引,后来还和她进行过长谈。安娜的外貌、仪态主要来自加尔童克。

1873 年的整个春天里,托尔斯泰都在全神贯注地写《安娜·卡列尼娜》。他敞开阳台门,让春天的阳光和草木的阴影直接进入房间,还有充满花香的空气……这是最好的创作的季节。夏天来了,按惯例,托尔斯泰是不写作的,他与家人一起去了萨马拉省,那里有他们新购置的庄园。秋天,他又在自己的大工作室里开始写作了,他对春天写成的东西十分不满,认为是用"最轻率、最不严谨的风格"写成的,于是撕掉重写。半年后,他将已经写完的七个印张交给《俄国导报》,准备在该刊上陆续刊出。然而,当他收到校样后,又感到不满意,并毅然舍弃这几个印张。他以惯有的一丝不苟的精神一次一次修改或重写,结果整个开头部分留下来的不同的草稿就有十多种。直到 1875 年,也就是说在构思的五年之后,动笔的两年之后,《安娜·卡列尼娜》的第一、二部和第三部的前十章才在《俄国导报》陆续刊出。托尔斯泰对刊出的部分仍不满意,但作为连载,他必须写下去。1875 年 8 月,他在给费特的信中说:"现在我又动手写无聊的、庸俗的《安娜·卡列尼娜》,唯一的愿望是快些给自己腾空地方,腾出空余的时间来做其他事情……"1876 年 4 月初,他给好友斯特拉霍夫写信："我惊慌地感觉到，我正在转入夏季状态：我讨厌我已写出的东西，我这里放着《俄国导报》的校样，我害怕我没有能力改好它。里面一切都很糟，全部都得重写，已经印出的也得全部重写，全部涂抹掉，一切都要作废……"1876 年，《俄国导报》刊出小说的第三部后十八章和第四、五部，1877 年刊出第六、七部，第八部因托尔斯泰与刊物出版人卡特科夫对内容的意见有分歧而未连载，后收入单行本。1877 年下半年，托尔斯泰与友人斯特拉霍夫一起，以力求完美的态度，对刊物上发表过的文字作了全面的修改和调整。他们工作得特别专心，原约好每天正餐之前要散步，但当斯特拉霍夫去叫托尔斯泰时，他总是拖延，有时很难让他放下工作。这一阶段，托尔斯泰总有些心不在焉，吃得也很少。1878 年 1 月，单行本在莫斯科出版，斯特拉霍夫负责校样。

托尔斯泰曾经说过，在《安娜·卡列尼娜》中他喜欢的是"家庭的主题"，但小说在创作过程中，主题被相应地扩大了，写成了一部精彩的社会心理小说。安娜这个女主人公也从最初构思的"一个不忠实的妻子"发展成为一位内心世界和情感极为丰富、具有个性解放思想的女性。安娜的悲剧与时代和社会的冲突紧密相连。

安娜很年轻时就由姑妈做主嫁给了比她大 20 岁的卡列宁。卡列宁被视为上流社会中"出类拔萃"的人物，实际上是一个道貌岸然的官僚，他与安娜间毫无爱情可言。安娜则是一个充满生命活力，具有强烈情感的出众女子，婚后她只能把一腔情爱倾注在儿子身上。在与聪明、英俊的青年军官沃伦斯基邂逅后，沃伦斯基狂热的追求唤醒了她沉睡的爱情，使她看清了丈夫的本质和自己的可悲，毅然离家出走与沃伦斯基生活在一起，从而激起了整个上流社会对她的攻击。卡列宁阴险地拒绝离婚，并夺走儿子，使安娜的精神处于崩溃的边缘。而沃伦斯基作为贵族社会中的一员，虽然为安娜的爱情所照耀，却最终越不过纨绔子弟的平庸品质，他的感情和道德水准显然低于安娜，他无法全部理解安娜，于是，矛盾就不可避免了。安娜在整个社会各色人等的无形联手扼杀之下，终于绝望，卧轨自杀。

　　小说的另一位主人公是列文。在最初的构思中，这个人物不过是围绕女主人公排列的男男女女中的一员，然而随着小说的进展、修改、调整，列文这一条线已成为整部小说建构中的一半。安娜和列文，这几乎是两部毫不相干的小说，情节间的联系几乎是微不足道的，却被托尔斯泰极其巧妙地合并在一起，从而拓展了社会空间的深度和广度，也使小说最大限度地丰富起来。在托尔斯泰之前，这种结构的小说还没有过。

　　列文与其说是以托尔斯泰自己为模特的，毋宁说是托尔斯泰本人走进了小说，进行着人生的探索。这一点与《战争与和平》有极大的不同。列文的高度文化修养、对农事的改革、爱情及表达爱情时简写字母让对方猜测、哥哥尼古拉的死……这一切都原原本本地反映了托尔斯泰的生活经历。最重要的自传性表现在列文对精神世界的探索和道德的自我完善方面。在《安娜·卡列尼娜》即将写完时，托尔斯泰正面临着一生中最重要的一次思想嬗变和精神危机，这一点在列文身上已见端倪，比如列文对俭朴的农民生活的追求，对农业劳动的重视，尤其是灵魂的不安。小说的结尾有这样几段话：

　　　　天色完全黑暗了，而他眺望着的南方是晴朗无云的。阴云笼罩着对面那
　　个方向。那里电光闪闪，传来遥远的雷鸣声。列文倾听着水珠从花园的菩提
　　树上有节奏地滴落下来的声音，望着他熟悉的三角形星群和从中穿过去的支
　　脉纵横的银河。每逢电光一闪，不但银河，连最明亮的星辰也消失了踪影，
　　但是闪电刚一熄灭，它们就又在原来的位置上出现，仿佛是被一个万无一失
　　的手抛上去的。

　　　　"哦，使我感到困惑的是什么呢？"列文暗暗问自己，预感到这个疑问
　　的答案早已在他的心中，虽然他还不知道。

　　　　"是的，神力的明确无疑的表现，就借着启示而向人们显露着善的法则，
　　而我感觉到这就存在于我的心中，在承认这个的时候，不论我愿不愿意，我
　　是和其他的人们被联合到一个信徒的团体中了，这个团体就叫做教会……但

是我到底在探求什么呢？"

《安娜·卡列尼娜》同样是一部百科全书式的巨著，同样具有史诗的品格。小说中涉及到社会制度、政治思潮、哲学、宗教、艺术、教育、农村经济等一系列问题，其对家庭婚姻、伦理道德的探索正是建立在这广阔的社会背景之上的。这部小说出版后，影响之巨超过了《战争与和平》。小说的每一部一出版，各家报刊就像遇到什么大事件一样急急忙忙地报道、评论。有意思的是屠格涅夫不喜欢这部作品："虽然也有一些真正美好的篇章(赛马、割草、打猎)，但整个来说是酸溜溜的，散发出莫斯科、老处女、古斯拉夫、没落贵族的气味。"而陀斯妥耶夫斯基却说："这是一部前所未有的作品，第一流的作品……作为一部文艺作品是完美无缺的……当代欧洲文学中没有一部作品可以与之媲美。"

《复活》

　　1887 年，雅斯纳亚曾来过一位特殊访问者——著名的司法界人士、上诉厅总检察长科尼。科尼同时还是一位作家，他与许多文学大师有交情，如涅克拉索夫、屠格涅夫、陀思妥耶夫斯基等。在工作中，科尼了解许多案子的来龙去脉，引起托尔斯泰的极大兴趣。有一次，他给托尔斯泰讲了一个十分离奇的故事：

　　19 世纪 70 年代初，当科尼在彼得堡区级法院当检察官时，一位上层社会的青年人来找他，向他申诉，说监狱里的人不许他把一封信交给一个名叫罗扎莉娅的女犯人，除非由监狱的人先拆开看过。科尼向他解释，这是规定，于是青年人着急地说："那么请您看完信，吩咐把信交给她。"原来那位女犯人是一位波兰妓女，被控告偷了一个喝醉酒的嫖客一百卢布，法庭审决她四个月的徒刑。科尼对青年人说："这样吧，我可以不拆看你的信，请你简单告诉我信中写的是什么。""我向她求婚，希望快些举行婚礼。"科尼很奇怪，问他："你是个贵族吧？"他回答说是的，并说出了俄罗斯一个古老贵族的姓氏。科尼问他能否问他几个问题，他同意了。科尼问："你是在哪儿认识罗扎莉娅的？""在法庭上。""她的什么地方使你入迷，长相吗？""不是。""那你为什么要娶她呢？你了解她的过去吗？""她的案子我清楚，我是这个案子的陪审员。""你和她结婚后怎样生活？你能和她共同出入社交场合吗？你父母同意吗？假若她故态复萌怎么办？而且你们悬殊这样大，怎么会有共同语言，那不是双方都感到痛苦吗？"青年人站起来，焦躁不安地在屋里走来走去，用自己颤抖的手倒了一杯水，稍稍镇静了一下，断断续续地说："您说的我都想过，但我还是要娶她。"科尼劝他是否再好好想一下，虽然拯救一个堕落的女人是一种高尚的行为，但用结婚这种办法也许不会有任何结果……科尼把信转给罗扎莉娅后，很快就收到了她文理不通的回信，她同意结婚。作为一名检察官，科尼认为有责任避免那位神经发热的贵族青年陷入不理智的行为，所以坚持必须在四个月刑满后才准许女犯人同青年结婚，而且很快地，斋期来临，在斋期中是禁止结婚的，所以立即举行婚礼的事只好放下了。在等待的时间里，青年人时常去看望罗扎莉娅，她因为疯狂地用下流话骂同牢犯人，被关入单人牢房。青年送给她许多结婚礼物，她十分高兴。然而，斋期结束时，罗扎莉娅突然得了斑疹伤寒，死了。从此，科尼再没见过那位青年。过了几个月，一个偶然的机会，科尼从一位看管女牢房的可敬的老婆婆那里得知了罗扎莉娅的历史。罗扎莉娅是一位孤女，她父亲死时，把她托付给庄园主，一位阔太太。她长到 16 岁那年，来了一位庄园主的亲戚，就是那位贵族青年，他看上了罗扎莉娅，并诱惑了她，当这事被发现时，庄园主太太不是按常理赶走贵族青年，而是赶走了姑娘。后来，青年人也抛弃了她。她生下孩子，送到育婴堂，一步一步堕落下去。终于有一天，命运使贵族青年做了陪审员，参与了对罗扎莉娅的审判，他认出了她，他知道这个女人的堕落完全是他的责任。于是，经过激烈的思想斗争和心灵煎熬后，他知道，唯一的选择就是与她结婚……

托尔斯泰认真地听了这个真实的故事后，第二天早上对科尼说，他晚上考虑了很久，建议科尼将这故事写出来，交给"中间人"出版，科尼答应了。托尔斯泰在给朋友的信中说："科尼为人很亲切，他答应给中间人出版社写一个短篇，我对此抱着很大希望，因为情节十分精彩，而他又很有才能。"然而过了不久，1888 年 4 月 12 日，托尔斯泰又写信给比留科夫："请您问问科尼，他答应写的那个短篇是否已经写了，如果还没开始写，那他是否可以把这个短篇的题材让给我，因为这个题材非常好，非常需要。"在给索菲娅的信中，托尔斯泰也说："妙极了的题材，要是能让我写就好了，真想写。"后来托尔斯泰直接写信给科尼说他想采用罗扎莉娅和她的诱惑者的故事。这个创作意图使托尔斯泰一直不得安宁。1888 年 6 月 1 日科尼回信说："我热切地请求您不要放弃这个念头。经过您的手笔，这个故事一定会让铁石心肠的人看了也会受感动，最最不动脑子的人看了也会开始思考起问题来。"

托尔斯泰喜欢这个故事的原因是很清楚的：这是一个人性、良心"复活"的故事，是一个人通过非凡的努力走向"天国"的故事，也是一个揭露了社会黑暗，指出现存制度不合理的故事，这种故事是晚年的托尔斯泰唯一感兴趣的。

《复活》是1889年开始动笔的，直到1899年才完成，前后写了十年。为了写这部小说，托尔斯泰做了大量的社会调查。他曾借助于一位司法界人士达维多夫的帮助，多次出席法庭的会议，翻阅法庭的记录，考察监狱的生活情况，与被告和囚犯谈话。犯罪者中有许多妓女。他还为犯案的人奔走说情，宣传他的勿以暴力抗恶的思想。有一天，他没通过任何人准许，来到莫斯科布蒂尔基监狱，在监狱附近，他碰到一个人，就问他是否是看守，对方回答是典狱官，他问："您能不能给我提供一些关于囚犯生活的材料？"那人回答说这是严格禁止的。但当知道问话者是谁时，那人便把托尔斯泰请到家中，尽其所能地回答了问题。谈了一个多小时，托尔斯泰告别时，请这位典狱官有空到自己家去。他的名字叫维诺格拉多夫。后来，在整个1899年冬天，他们经常见面。托尔斯泰请维诺格拉多夫看《复活》的校样，请他指出监狱生活的描写中有哪些不准确的地方。维诺格拉多夫指出了一些诸如监狱服装的错误等，最重要的是，指出政治犯和刑事犯从来不关在一起，连接触也不可能，这使托尔斯泰对小说第四稿作了根本性的改动，把女主角玛丝洛娃认识政治犯的时间改在她去西伯利亚的时候。后来，托尔斯泰对朋友说："在我的小说中原有女刑事犯在监狱里见到政治犯的场面，他们之间的对话对小说情节的发展有重要的作用。后来我从熟悉内情的人那里得知，在莫斯科的监狱里这种会面是根本不可能的，于是我把这些章节全部改写了，因为我不能毫无根据地去写。"为了真实性，托尔斯泰甚至跟着押解犯人的队伍一直从监狱走到车站。

《复活》最后完成时速度很快，"就像炮弹接近地面时一样"，原因之一是为了非灵派教徒。

非灵派教徒自1844年起就活动、居住在高加索，他们安于贫穷，强调贞洁，尤其是谴责一切战争和反对一切政府的观念，与托尔斯泰的学说十分接近，他们也反对正教仪式。这个教派很快便发展成一个庞大的组织，他们的巨大号召力，（比如反对服兵役）所造成的影响，使沙皇政府十分恼火，并进行了残酷镇压。他们因为集会被包围、鞭打，为了拒绝服役而被关进惩罚营，甚至被处死、流放。他们中间的第一个殉难者名叫舍尔比宁，还有好几百人死于流放地的伤寒。知道这次迫害的情况后，托尔斯泰十分激动，派比留科夫去高加索了解情况，决定要把一切公之于众。后来，他根据了解来的情况，与人合写了一篇紧急呼吁书。1896年12月，契尔特科夫、比留科夫等人为非灵派教徒写了一篇名为《救命》的文章，托尔斯泰给文章加了一个结尾。这篇文章触怒了政府，比留科夫被流放，契尔特科夫由于母亲与宫廷有着特殊关系，获准到国外去定居，不得住在俄罗斯。从这年开始，一直到1900年，非灵派教徒的事情占据了托尔斯泰大量的时间和精力。

由于非灵派教徒的人数越来越多，政府在反复斟酌后，决定同意所有的教徒均可离开俄罗斯到国外定居。非灵派教徒们也感到，在俄罗斯找不到一处无人干涉、没有政府的地方，决定迁居。但迁到哪个国家？巨大的迁居费从何而来？托尔斯泰同许多人通信讨论这个问题，有人提出可迁到塞浦路斯岛，或夏威夷群岛，或中国西部；需要募捐，但政府不能容许任何一家媒体做募捐广告。无奈，托尔斯泰便亲自写信给有钱的人，要求他们捐款，但这样做对托尔斯泰来说是很不愉快的。另外，在国外报纸上登了广告，捐款陆续来了，但数量远远不够，于是，托尔斯泰决定靠自己的新作品去赚钱以便帮助非灵派教徒。那时《复活》还没写完，但他已经委托在英国的契尔特科夫联系能否用优惠的价格把它卖给英美的报纸；他还亲自与《原野》杂志的发行人马尔克斯进行关于出售《复活》的谈判，甚至同他讨价还价。马尔克斯答应为获得《复活》的首次发表权而支付每印张一千卢布。由于《原野》每星期都要连载这部小说，托尔斯泰只好加快速度。尽管如此，还是常常发生这种情况：收到最后一次清样后，托尔斯泰说："一会儿就看好。"然后就拿着校样到书房去了。结果，几个小时后，他才面带愧色地把清样拿出来，清样已被改得面目全非，惨不忍睹：整行整行地被划掉，而在行间页边写满了字，有时清样的背面出现了完全新的段落。

1899 年底，经过书刊检查机关大量删改的《复活》终于在《原野》上连载完了，几乎与此同时，契尔特科夫和比留科夫在国外创办的《自由言论》杂志上，刊完了完整的《复活》。在 12 月 18 日的日记中，托尔斯泰写道："写完了《复活》。不好，没改好。"

《复活》出版后，立即产生了巨大的社会影响，美国、法国、英国、德国很快就出了译本，在日本，《复活》成为托尔斯泰最畅销的作品。著名评论家斯塔索夫认为："整个 19 世纪还不曾有过像这样的作品。它高于《悲惨世界》，因为这里没有一点幻想的、虚构的、编造的东西，全都是生活的本身……这是一部铁面无情的书。"

1898 年 8 月，非灵教派的第一批迁移者起程了。第二条船是由托尔斯泰的儿子谢廖沙陪同去的，目的地是加拿大。迁居一直延续到 1900 年。托尔斯泰为此捐出了作品所得的稿费大约三四万卢布。

巨星的陨落

托尔斯泰晚年的声望虽然与日俱增，但是，他内心的痛苦和斗争反而加剧了。他与家里人，尤其与妻子索菲娅之间的矛盾，在他生命最后几年中愈演愈烈，令他几乎无法忍受。托尔斯泰绝望了，累了。他将选择什么样的出路呢？

1908年5月的一天，托尔斯泰在《俄罗斯报》上突然看到了这样的一条消息：

"今天20名农民被判处绞刑，因为他们抢劫了县里的一户地主庄园。"

20个农民被判死刑！托尔斯泰震怒了！他含着泪水在日记里写道：

"不，这实在叫人受不了，不能这样生活！……再也不能这样生活！"

托尔斯泰写了《我不能沉默》这篇文章，对这一事件提出了强烈控诉。文章激起了俄国人民的共鸣，很多报社不顾危险转载了它，在欧洲各国的刊物上也发表了。

可是，托尔斯泰却不能与他的妻子索菲娅共同交流内心的思想。妻子与他的关系越来越紧张，她也越来越神经质了。她带来的乡村警察，又在森林里逮捕拾木头的妇人。她总是关心着自己的财产，恐别人损害它。她说，这是为了托尔斯泰一家老少的利益！

托尔斯泰宣传平民思想，施舍给穷人财物，可他的对手们指责他虚伪，说他躲在妻子的背后，过着奢侈的生活。

托尔斯泰在日记中写道："上帝啊！请帮助我！""我又想出走了，可是我下不了决心。主要的问题是，假如我走，这是不是为了自己？"

托尔斯泰80岁生日到了。雅斯纳亚·波良纳几乎被四面八方的贺卡、祝词、电报和礼物给淹没了。许多社会名流以及普通的老百姓都给托尔斯泰发来了贺信。

"祝贺您! 亲爱的爸爸。"女儿和女婿向他贺喜。

"祝贺什么呢?"托尔斯泰问。

"祝贺您并未虚度此生。"

托尔斯泰听到这句话沉默了。忽然,泪水溢出了老人的眼眶。

妻子索菲娅最敏感的是,关于托尔斯泰著作出版权的问题。妻子疯狂地妒忌与托尔斯泰关系密切的出版商,视其为敌人,因为她害怕出版权被夺走。她鹰一般的眼睛密切注意着托尔斯泰和出版商的一举一动,生怕他们背着她,签下什么协议。她摔打,哭喊,到处乱跑,却不知自己正在扼杀丈夫的生命。

无休止的来访者,无休止的喧闹,托尔斯泰累了。他和小女儿背着妻子,到了莫斯科郊外,在密友家签署了一份遗嘱。在遗嘱中他放弃自己所有的著作的版权,让所有愿意使用它们的人免费出版。

但妻子知道了他签署遗嘱的事。她又纠缠着丈夫,逼他交出遗嘱。又是无休止的争执。

托尔斯泰 82 岁了。他陷入了极端的孤独之中。

1910 年 2 月,托尔斯泰接到一位大学生的信,信中指责托尔斯泰的学说与生活是矛盾的,呼吁他从雅斯纳亚·波良纳出走。托尔斯泰在回信中说:"我离这样的状态已经不远了,而且一天比一天临近。您建议我做的事——放弃社会地位,放弃财产,把财产分给那些认为在我死后有权继承的人,这些我在 25 年前就做到了,但只有一点,就是我仍然同我的妻子和儿女过着非常可耻的奢侈生活,而周围都是贫困。这一刻不停地越来越厉害地折磨着我,而且没有一天我不在盼望实现您的建议。"但是为了不伤害妻子,他忍受着巨大的精神痛苦,在自责和屈辱中一天天熬下去。他曾对小女儿萨莎说:"妈妈有病,应当怜悯她。我觉得自己已准备好去做她希望的一切事情⋯⋯做她的护士直到她生命结束。"可是,也有熬不住的时候。一天,索菲娅又把和契尔特科夫的关系问题提出来，与托尔斯泰纠缠不休，而且越说越气，索性大吵大骂起来，并抓住托尔斯泰早年日记中的一些内容来羞辱他。托尔斯泰脸色完全变了，苍白、呆滞，他飞快地穿过秘书布尔加科夫的房间，向自己的卧室走去。他进去后便把卧室的门、书房的门都锁起来，把自己锁在里面。失去控制的索菲娅一会儿跑到这边门前，一会儿跑到那边门前，敲着门，央求道："开开门吧，我再也不敢了！我再也不敢了……"可是屋子里面一片死寂。天知道82岁的老人在那儿想些什么！

  为了按照医生的建议把父母分开一段时间，大女儿塔尼亚提出接父亲到她家住一段，索菲娅不同意托尔斯泰单独去女儿家，而要求一起去。在女儿家，一开始生活是宁静美好的，塔尼亚比较能够得到母亲的信赖，她确实做了许多调解的工作。但过了不久，当得知政府已经批准契尔特科夫住到托尔斯泰家的附近时，索菲娅的歇斯底里症又加重了，最后闹到这种地步：两三天不吃饭，整夜待在花园里。托尔斯泰到花园去找她时，她大声叫喊道：这是个野兽，这是个凶手，我不想看见他。结果托尔斯泰的心脏又衰弱下来。一段发作过去后，索菲娅离开女儿家，自己先回了雅斯纳亚。全家人此时都松了一口气。

  实际上索菲娅对契尔特科夫的责备并非毫无根据。契尔特科夫虽然十分敬重和爱戴托尔斯泰，为传播托尔斯泰的思想做了大量工作，但他同时又是一个具有狂热和专横性格的人，他曾毫不客气地对托尔斯泰说："假如我有您这样一个妻子的话，我早就自杀了……"他甚至当面对索菲娅威胁："只要我愿意，我完全可以将您和你们一家搅个一败涂地，但我并没这样……"

  9月22日，在索菲娅的一再要求下，托尔斯泰和萨莎从塔尼亚家中回来了。一到家，索菲娅就开始责备他，托尔斯泰一直沉默着，他知道必须十分谨慎才行。但当她质问为什么不早点回来时，托尔斯泰忍不住回答：不愿意。结果又是一场暴风雨！

  9月23日是托尔斯泰夫妇48周年结婚纪念日，索菲娅虽然是凌晨四点才躺下，却起得很早。布尔加科夫碰见她时，向她祝贺，然而她说："祝贺什么呀，真是愁肠欲断……"没说完，她就哭着捂着脸走了。早饭后，按索菲娅的要求，布尔加科夫为她和托尔斯泰照了合影。这是很难堪的事情，撇开夫妻关系不和不说，托尔斯泰一向是讨厌照相的。但托尔斯泰忍耐着，顺从了索菲娅的安排。然而没想到，这引起了小女儿萨莎的极大不满。原来，托尔斯泰不在家时，索菲娅将托尔斯泰书房写字台上方挂的两张照片——契尔特科夫和托尔斯泰、萨莎和托尔斯泰——移了地方，在原来的地方挂上了她与托尔斯泰的合影。现在，他又答应和索菲娅再合影，萨莎感情上受不了了。她在打字室里高声向别人诉说自己的委屈，恰好托尔斯泰走进来，问她吵什么？她就不客气地指责说，他一边和母亲照相，一边又答应母亲不和契尔特科夫照相，还允许她换照片……托尔斯泰只是听着，最后摇了摇头，说："你真像她啊！"就走回自己的书房。几分钟后，托尔斯泰在书房中拉铃，按约好的，按一遍铃，是叫萨莎，按两遍铃，是叫布尔加科夫。可是萨莎正生父亲的气，就没有去。没办法，布尔加科夫去了。托尔斯泰随便吩咐了一件事要他去办，同时又按铃叫萨莎，萨莎还是不去。于是托尔斯泰让布尔加科夫去喊她。萨莎这才去。托尔斯泰见她来了，就说："我要口授一封信。"萨莎像以往那样，立刻准备好了纸、笔。她望着父亲，心中百感交集。只见父亲还没说出话来，突然把头伏在椅子的扶手上，泣不成声，断续说了一句："我不需要你的速记！"萨莎跑到父亲跟前，连声说："请原谅我，原谅我吧！"两人都大哭起来。

　　第二天又发生了一件事：托尔斯泰只写给自己看的"秘密日记"，本来是藏在靴筒里的，却突然不见了。他知道肯定是让索菲娅"搜"去了。最近她开始了偷偷查看托尔斯泰的东西，甚至跟踪托尔斯泰散步的行动。日记中所写的东西直言不讳，有些内容是牵扯到索菲娅的，甚至还有关于遗嘱的内容。托尔斯泰只好苦笑，自己说："也无所谓，或者说，需要这样，也许这样更好。"这天中午开始，索菲娅又开始发作了，后来她跑回房间不出来。这时托尔斯泰收到契尔特科夫的信，信中全是指责索菲娅的。托尔斯泰痛苦极了，他在新的"秘密日记"中写道:"他们简直在把我撕成碎块,我想干脆离开所有的人。"

9月26日那天,托尔斯泰把契尔特科夫和萨莎的照片又换回到原先的位置,然后就和家庭医生、女朋友杜尚一起骑马散步去了,萨莎也不在家。索菲娅发现这种变化后,怒不可遏,她大喊着:"老头子想害死我!近来我完全好了,他却故意挂起契尔特科夫的照片,自己骑马出去了!"她把契尔特科夫的照片撕了个粉碎,然后拿起一支小手枪射击起来,甚至在托尔斯泰回来后,她还在自己的房间里向柜子放了一枪。天黑后,她又穿着室内的衣服上花园里去了,好几个人去请,才把她请回来。有人通知了萨莎,午夜时分,她回来了,正好碰上了还没睡的索菲娅,索菲娅朝着她劈头盖脸地骂起来,甚至说出了要把萨莎赶出家门的话。萨莎一声不吭地坐在那儿听母亲的训斥,当听到最后这句话时,她立即决定搬出雅斯纳亚,只是每天早上要来看父亲。第二天一早她就走了。几天后,母亲又要她回来住,她拒绝了。谢廖沙和塔尼亚听说了这件事,便以明确的态度告诉母亲,假若她再这样折磨父亲,他们就要做她的监护人,把她送到疗养院去。

10月3日下午七点,饭旦已摆好了,总不见托尔斯泰起床,结果发现他失去了知觉,一会儿又发生了痉挛。大家吓坏了,又拿热水袋,又用芥末膏擦腿肚子,又给他喝热咖啡。痉挛止住了,可他嘴里一直在说胡话……后来又发生了痉挛,双腿乱蹬,几乎按不住。半夜一点,一切似乎恢复了正常,他睡着了。早晨起来,他已经完全好了。经过这一次危机,索菲娅哭着向女儿萨莎请求宽恕,并且向女儿发誓,再不会折磨老头儿了……萨莎又搬回来住了。

但新的一轮考验开始了。又是日记问题、遗嘱问题,不同的是,索菲娅坚决要求请契尔特科夫来或要托尔斯泰去契尔特科夫家拜访,然而当托尔斯泰真按她的要求去办时,她又会发疯。托尔斯泰几乎什么也不能写。他开始与萨莎商量出走的事,甚至为此给一位熟悉的农民写信问出走是否可以到农民的农舍去躲住一段时间。

10月25日，谢廖沙回来看望双亲。晚上，他和父亲谈文学、下象棋，还弹了钢琴，当他弹格里格的《我爱你》时，托尔斯泰流泪了。睡觉前，谢廖沙去向父亲告别，因为明天一早他就要走。托尔斯泰说："你最好不要走。"可是谢廖沙说，他很快就再来。过后想起来，他才感到父亲的表情和语气有些特殊。

10月28日凌晨三点钟，托尔斯泰醒了，像前几夜一样，又听到开门声和脚步声。前几夜他没管这件事，这一次他起身向有声响的地方走去，发现书房里亮着灯，从门缝里一看，是索菲娅正在寻找什么，也许是在找遗嘱和日记什么的吧。回到卧室后，他感到一种难以忍受的厌恶和愤慨。他听见她小心翼翼的脚步声和开门声，知道她回到自己房间去了。他想重新入睡，但做不到，翻来覆去大约一个小时，干脆点蜡烛坐起来。索菲娅听到声响马上过来问他身体有何不适。他一声不吭。索菲娅走后，他更加生气了，呼吸不畅。自己试了一下脉搏：九十七下，突然就下了出走的决心。他先坐下给她写了一封信，然后收拾东西。他叫醒了杜尚和萨莎，让他们帮忙。他提心吊胆，生怕惊醒了索菲娅，不但走不成，还会带来一系列的恶果。

托尔斯泰告诉萨莎，他打算先去沙马尔系诺修道院去找在那儿做修女的妹妹玛丽娅。

收拾好了，吩咐备马，托尔斯泰在黑暗中迷了路，帽子也丢了。早晨五点，一切准备就绪，托尔斯泰和家庭医生杜尚一起上路了。他把给索菲娅的信交给萨莎，由她转交。在信中他写道：

　　我的出走肯定会让你难过，对此我很抱歉。但愿你能理解和相信，我已没有选择的余地。我在家里的状况越来越艰难，终于到了无法忍受的地步。除去种种原因外，我再也不能生活在以前所过的那种奢侈环境里……请你务必理解这一点，即使你知道我在哪儿，也不要来找我，你来找只会恶化你我的处境，而且无助于改变我的决定。感谢你和我一起生活了48年之久，请原谅我一切对不起你的地方；同样我也由衷地原谅你可能对不起我的一切。望你适应由于我的出走给你造成的新的处境，不要对我怀有恶感。如果有什么事想通知我，可告知萨莎。她会知道我在何处并能把需要的一切转给我。但她不会说出我在哪里，因为我已经得到了她不对任何人透露这一点的许诺。

10月28日上午十一点多，索菲娅才起床。穿好衣服后，她上丈夫的房间一看没有人，就到打字室里问，萨莎告诉她父亲出走了，并把父亲留下的信交给她。"我的天哪！"索菲娅喊了一声，打开信，只看了一行，就把信一扔，一边念叨着："我的天哪，他竟干出这事来了！"一边跑出去。很快就传来用人的喊声："伯爵夫人向池塘跑去了！"萨莎一听，立刻喊着布尔加科夫一起去追。萨莎发疯似的跑着，布尔加科夫都赶不上她。只见索菲娅跑上了洗衣服的栈桥，忽然滑了一跤，接着翻到水里去。萨莎边跑边把毛衣脱掉，立刻跳到水里。布尔加科夫随后赶到。只见索菲娅已经淹没于水中，幸亏水很浅，两位救援者的脚都能触到池底，他们把索菲娅托出水面，拖到栈桥上，几个人把她架到岸边，待她稍好些时，就扶她回了屋子。一路上她埋怨着把她救上来。她叫来一个仆人，嘱咐他用萨莎的名义给托尔斯泰可能去的修道院发了一封电报，萨莎知道了这件事，接着又发了一封电报，请求父亲只能相信以"亚历山德拉"署名的电报，同时给哥哥姐姐们发了电报。很快，他们都陆续到来了。商量的结果，除谢廖沙支持父亲出走外，其他人都写了信要求父亲回来。

托尔斯泰并没有按原计划路线出走。到了火车站，他们又等了一个半小时才有火车。他担心索菲娅发现了会追过来，一直坐立不安。当终于上了火车，火车启动后，他高兴了，觉得很舒服，但一路上他都在担心着索菲娅，不知她怎样了。天很冷，在马车上时，托尔斯泰的头都冻麻木了。火车上好一点。到了戈尔巴乔沃，再换车，托尔斯泰坚持坐三等车。这种车上，人满为患，空气混浊。杜尚从来没坐过这么差的火车。没法睡觉，托尔斯泰就一次次冒着零下的寒冷走到通道上去。

火车又跑了六个多小时，下午四点五十分才到达柯泽里斯克，随即又坐上马车，向奥普京修道院进发。

到修道院已是夜里了，安排好房间后，托尔斯泰立刻写了一封长信，并给萨莎写了一份电报稿，告知自己在哪里。电报是发给契尔特科夫的儿子的，由他转交。这时，离他出走已经将近20个小时了，他基本上没有休息。

29日早上六点多托尔斯泰就起来了，正好契尔特科夫的秘书谢尔盖延柯来了，从他那里，托尔斯泰了解了索菲娅的情况，还得知警察和侦探奉省长的命令，将跟踪托尔斯泰。随后，托尔斯泰向谢尔盖延柯口授了一篇反对死刑的文章。在修道院托尔斯泰还找到一本他这些年来花费巨大心血编写的《阅读园地》，找到10月28日这一天的内容，读后大吃一惊，因为这一天的内容中恰恰有对当时处境的最好的回答：我需要考验，这对我是有益的。

10月30日萨莎秘密来到父亲身边，她带来的哥哥姐姐们的信及母亲的消息让父亲不安，只有谢廖沙的信给了他安慰。他本想在当地住几天，已经在乡村找了一间小木屋，可是担心索菲娅很快会找来，于是决定再走。他又给索菲娅写了一封信，让萨莎发出："我在沙马尔京诺和奥普京修道院住了两天，现在即将离开。这封信将在途中发出。我不能说我到什么地方去，因为我认为分居对你和我自己都是必须的。你不要认为我出走是因为我不爱你……再见了，亲爱的索菲娅，愿上帝保佑你。生命不是儿戏，因此我们没有权利随意地抛弃它。而用时间的长短来衡量它的价值也是不明智的。也许我们还剩下的那几个月比以前度过的全部岁月更重要，因此应该好好地度过它。"

10月31日早晨四点钟，几乎一夜未睡的托尔斯泰像从雅斯纳亚出走一样匆匆忙忙地又踏上旅途，因为火车只有早八点一班，晚了就赶不上了，而索菲娅随时可能赶到这儿来。他打算能弄到护照的话，就出境到保加利亚去，或者到高加索去。火车上很闷热，烟雾缭绕，可是下午三点左右，托尔斯泰突然感到发冷。萨莎给他量了一下：发烧。萨莎顿时感到浑身无力，几乎站不住。在下一个车站停车时，萨莎跑下车去找开水，杜尚说，如果能弄点兑上酒的茶也许有点用……但是，托尔斯泰的体温继续上升，不断发抖，并且轻轻呻吟着。见萨莎焦急的脸色，他伸出手握着萨莎的手，说："不要灰心，一切都好，非常非常好……"

萨莎与杜尚商量，果断决定立即下车。晚八点左右，列车到达一个灯光明亮的车站，这地方是阿斯塔波沃。萨莎和杜尚扶着托尔斯泰下车了。当他们走过候车室时，得到消息的人们聚集起来，摘下帽子向托尔斯泰致敬。托尔斯泰勉强走着，费力把手举起向人们示礼。阿斯塔波沃的站长请托尔斯泰住到自己家里。萨莎刚刚帮父亲脱下衣服，让他躺到床上，他就昏迷过去，左边脸和手脚都抽搐起来。请来车站的医生，打了强心针。他平静下来，睡着了。两小时后他醒过来，完全恢复了知觉。他问萨莎："我怎么样？""不好。"萨莎回答。夜里，体温下降了，睡得很好。他打算明天继续旅行，走得更远一些。他害怕自己的行踪被声张出云。

其实，托尔斯泰出走的消息已经传遍了俄罗斯。10月31日的莫斯科各报都刊登了这一消息，连远在巴黎的二儿子列夫也得到了消息，打电话来询问。整个社会都震动了。全国各地都有电报飞向阿斯塔波沃，从阿斯塔波沃又有一份份电报飞向省长、侦探处和宪兵司令部。

11月1日早晨，托尔斯泰向萨莎口授了一篇有关上帝和爱的短文，然后又口授了一封给长子长女的信，信中写了不让他们前来，是为了让他们照顾母亲。口授完了后，他对萨莎说："我死了后，把这封信转交给他们。"说罢就哭起来。

11月2日从早晨起托尔斯泰体温就开始上升，并开始咳嗽，痰中带血。医生诊断是肺炎。契尔特科夫来了，他的妻子有病，他委托布尔加科夫照顾妻子，他自己赶到托尔斯泰身边。谢廖沙也来了，但他不敢到父亲跟前，怕他太激动。塔尼亚也来了，还随身带来了父亲在雅斯纳亚常用的柔软的小枕头。托尔斯泰发现了小枕头，很奇怪，于是塔尼亚露面了，她怕父亲激动，什么也没敢告诉他。

11月3日彼得堡的医生来了，索菲娅及全家人也都来到了阿斯塔波沃，但大家不敢让索菲娅与托尔斯泰见面，怕他心脏受不了。此时阿斯塔波沃这个小地方已成为整个俄罗斯和许多外国人注目的中心，来了一大批新闻记者。专程赶来的医生们组成医疗小组，并天天发布病情简报。托尔斯泰的呼吸越来越不畅，体温冷热不定，脉搏断断续续。医生开始给他输氧气。清醒时他说："农民呢? 农民们是怎样死去的?"

11月4日托尔斯泰一直处于半昏迷状态，他不断说着胡话："找啊，找啊……""太好了，太好了……"傍晚时分，他突然张开眼睛，向上望着，大声叫着："玛莎! 玛莎! "他的二女儿玛莎，是他最坚定的追随者，4年前同样是因肺炎死在11月。短暂清醒时，他让萨莎给母亲发一封电报，请她不要来。电报立刻送到了索菲娅所住的车厢里。索菲娅正在经历着巨大的精神痛苦，她明白，她是托尔斯泰出走、致死的原因……

11月5日，仍旧昏迷。他好像要说什么，又说不出来，或者因为别人不理解而辗转不安，甚至恼怒。在这同一天，俄国内阁举行会议，"就列夫·托尔斯泰伯爵感到苦恼的开除教籍问题热烈地交换了看法，所有的内阁成员，包括宗教院的总检察官在内，都认为取消开除的禁令是必要的与适时的"，并且命令奥普京修道院院长前往阿斯塔波沃，只要托尔斯泰死前说一声"我忏悔"，就可以认作他放弃了"邪说"，而给他以临终祝福……这一企图，后来没能实现。

11月6日早上，塔尼亚和萨莎——托尔斯泰喜欢的两个女儿守在他身旁。他醒过来，突然用一个有力的动作欠起身来，清晰地说："奉劝你们记住一点：世上除了列夫·托尔斯泰还有数不清的人，可你们只看到列夫一人。"整个白天都处于昏迷中，并不时地噎气，次数越来越频繁。7日凌晨两点时，根据医生的建议，请索菲娅来到病人身边。索菲娅抚着托尔斯泰的手，跪在他身边，自言自语地咕哝着，但托尔斯泰再没醒来。三点钟时，他开始不安地动弹，医生给他喂了一点水。有人拿着蜡烛照亮，他皱着眉把脸转开去。五点钟起，呼吸越来越慢，并时断时续……五点十五分，托尔斯泰去世了。

上午十一点左右，在捷良津基契尔特科夫家中，布尔加科夫正在给病中的契尔特科夫妻子安娜读书解闷，突然房门大开，契尔特科夫的儿子跑进来，伸着双臂扑向母亲，他哭着说："妈妈，啊，这可怎么办哪……看来是命中注定呀！谁也逃不过……妈妈呀……"安娜站起来，仔细打量着儿子，轻轻喊了一声，接着就像死人一样直挺挺地仰面倒下。她的脸色像纸一样，双目紧闭，失去了知觉……布尔加科夫这才明白发生了什么事情！

11月9日清晨，从阿斯塔波沃一路开来的送殡列车进了离雅斯纳亚最近的扎谢卡车站。尽管有各种禁令，沿路车站上还是聚满人群，目送列车远去。扎谢卡车站的人更是成千上万，送殡的行列长达数里地。抬灵柩的是托尔斯泰的儿子们和农民，队列前面白亚麻布横幅上写着："列夫·尼古拉耶维奇，您的好处将永远铭记在我们这些成为孤儿的雅斯纳亚的农民心里。"不知谁唱了一句"永——志——不——忘"，大家都跟着唱起来。托尔斯泰生前几次曾在雅斯纳亚·波良纳庄园对他的女儿们说：

"我死了以后，就把我埋在那个传说有小绿棒的地方。"

有一次，他与小女儿一起，骑马到了小时候哥哥尼古拉在故事中讲到的那个森林中，对着峡谷说：

"就在那儿，在那两棵大树中间，我死了以后，就把我埋葬在那儿。"

托尔斯泰去世以后，人们遵照他的遗愿，让他安睡在了那个传说中埋着神秘的小绿棒的地方。在那根小绿棒上，据说写着一个符号，谁如果有幸见到那个符号，谁就能够使世界上所有的人幸福，人们将永不烦恼，永远相亲相爱……

列夫·托尔斯泰作品简介

托尔斯泰的文学创作生涯始于他担任志愿兵军官时期。他的第一部小说《童年》完成于1852年夏，这是他计划写的关于人生四个时期的一组小说的第一部。1854—1856年间，他又完成了《少年》和《青年》。第四部《壮年》没有写成，因此，这一组小说只是"三部曲"。三部曲的基本内容写的是贵族少年尼考林卡性格和观点形成的过程。他的童年时代充满欢乐和幸福，感到周围的人都亲切可爱。当他逐渐长大，进入少年时期，他发现家庭内和社会上都弥漫着虚伪、自私和道德堕落现象。他还看到农民的朴素和勤劳，但贵族的生活传统使他形成偏见，看不起比自己地位低的人。不过，经常的思考和反省又使他意识到自己的谬误而力图加以改正。到了青年时期，他从一个儿时的朋友那里得到一种作为生活信条的启示：用"道德的自我完善"来摆脱生活的烦忧和精神上的苦恼。托尔斯泰在这一组小说中表达了这样的思想：克服社会的不良影响不在于同邪恶的环境作斗争，而在于个人"道德上的自我完善"，发扬人天性中固有的善和爱。三部曲中对宗法制农民落后特点的赞美和对博爱主义的欣赏，在托氏后来的活动与创作中又有发展。他后来形成的宗教道德学说在这里已初见端倪。构成他创作中重要特色的心理分析，在三部曲中也明显地表现出来。

因感到"战争是一种不公正的愚蠢的事情"，托尔斯泰提出了退役申请，但未得到答复，便于1854年11月被调到克里米亚，参加克里米亚战争中的塞瓦斯托波尔保卫战。战争中他表现了惊人的勇敢，也看到了普通士兵的英勇无畏。他创作了三篇特写，记录下了士兵们的爱国主义，并用最清醒的笔法描写了战争的真实面目，这三篇特写统称为《塞瓦斯托波尔故事》。塞瓦斯托波尔失守后，托尔斯泰来到彼得堡，受到作家们的热烈欢迎。他于一年后正式退役。

1856年发表的《一个地主的早晨》是作家计划创作的关于地主的长篇小说的片断。长篇未能写完，仅将片断发表。这个短篇写的是一个大学生放弃学业，回到领地，着手改善农奴境况，但遭到失败。小说的成就在于真实地反映了农民的贫困和创造了一系列真实的农民形象，特别是能深入农民心灵深处的才能，使托尔斯泰显得与众不同。小说的思想意义在于它揭示了地主与农民之间的鸿沟是不可能填平的。

《卢塞恩》（1857）是以作家第一次去西欧旅行时在瑞士遇到的一个真实事件作基础写成的短篇小说。一个流浪歌手为一群悠闲的外国有钱游客唱歌消遣，却无人给一文赏钱。此事激怒了托尔斯泰，他根据自己的亲眼所见，创作了这部小说，对西方资产阶级及其文明进行了愤怒的谴责。

19 世纪 50 年代末和 60 年代初，托尔斯泰忙于进行农业改革，办农民子弟学校，再次去西欧考察，担任"调解人"职务，以及结婚与诸多事务，创作上的成就不多。直到 1863 年，才有两篇重要的中篇小说发表。一篇是《哥萨克》，另一篇是《波里库什卡》。《哥萨克》中写贵族青年奥列宁厌倦了上流社会的享乐，决心改变自己的生活。他当上了士官生，随军到了高加索，带着仆人住在一个哥萨克人的村子里。哥萨克人接近大自然的生活方式对他极具吸引力。他决心融进他们之中，变成他们中间的一分子。但他的"平民化"努力未能成功。托尔斯泰认为，主人公的失败，是因为他未能完全摆脱城市文明和贵族生活的不良影响。

《波里库什卡》也是一篇有名的作品。女地主家的奴仆波里库什卡有偷窃的恶习，但他决心改过。女主人委托他进城取一大笔钱，他也决心办好这件事，不料在路上把钱丢了。结果他上吊自杀，妻子发疯，小儿子溺死，弄得家破人亡。这是一出农奴制度造成的社会悲剧。小说具有震撼心灵的力量，屠格涅夫读后赞叹不已。

19 世纪 60 和 70 年代，是托尔斯泰创作的鼎盛时期。这个时期他创作了两部伟大的小说：《战争与和平》（1863—1869）和《安娜·卡列尼娜》（1873—1877）。《战争与和平》的构思同作家对俄国历史命运的思考有关。小说反映的是从 1805 年至 1820 年间贵族革命家开始建立地下组织的整整一个历史年代，主要内容是写 1805 年和 1812 年俄国在国外和本土同拿破仑法国之间的几次战争，以及和平时期的生活。作品中有不少历史人物出场，也有更多的虚构人物。作家真实地再现了欧洲东西两个大国全力投入的巨大而惨烈的战争场面，也反映了当时俄国社会、经济、文化和家庭生活的许多特点。全书的重点是歌颂1812年战争中俄国人民保家卫国的爱国主义精神。在祖国存亡的危急时刻，不仅是官兵和游击队员，就连普通百姓也都行动起来共同抗敌。商人烧毁了自己的店铺，农民烧掉饲草，为的是不留给法国人。托尔斯泰写道："对俄国人民不可能有这样的问题：在莫斯科法国人的统治是好还是坏。受法国人统治是不可能的，这是最坏不过的事情。"作家真实地反映出，人民战争的巨棒对于消灭敌军起了巨大的作用。俄军总司令库图佐夫被写成一个善于理解人民、体现人民意志的英明统帅。他朴实无华，厌恶虚假和形式主义，非常理解士兵的心理，对国家有高度的责任感。他在最危急的时刻制定了正确的战略，拯救了国家。

在阐述历史发展的问题时，托尔斯泰肯定了人民群众的伟大作用，认为人民是决定1812年战争胜利的主要力量，个人对历史事件不可能起决定性的作用。但是他又认为一切历史事件都是命定的，人只能起一种体现天意的消极作用。基于这种观点，他在作品中又说人民群众在历史过程中只是一种自发的、"蜂群式"的力量。也是由于这种宿命论的观点，他又将库图佐夫描写成一个事件发展的旁观者，说他不去阻碍，也不积极干预事变的过程。《战争与和平》中的拿破仑被作者取下了英雄的光环，变成了一个外貌无任何吸引力、傲慢自大、自命不凡的个人主义野心家和冒险家。

在创作《战争与和平》时，托尔斯泰还完全站在贵族立场，但他对本阶级的疮疤并不是视而不见。他把贵族分为两类。一类是当朝宫廷显贵、热心追名逐利的官僚和腐败的贵族，如瓦西里公爵之流。另一类则是保存了民族特性、精神上和人民接近的贵族。这一部分人多是外省的庄园贵族，包尔康斯基和罗斯托夫两家都属于这一类。书中的重要人物多是出自这些贵族家庭。小说主要人物之一安德烈·包尔康斯基公爵年轻有为，禀赋极厚，才智过人，性格坚强，具有乃父那种刚直不阿和孤傲的性格，对宫廷官僚和钻营拍马之徒十分蔑视。他内心生活和感情都极丰富，努力探求人生目的，研究社会问题。最初他渴望荣耀，有一种强烈的功名心。但奥斯特里茨一战他受了重伤，躺在战场上呻吟的时候，他仰望伟大而无际的苍穹，发现人们为了虚荣和自私的目的奔波忙碌是多么的渺小。他这时觉得，除了这个无边无际的天空之外，一切都是虚空，一切都是欺骗。由于这种醒悟，安德烈在战后产生了消极厌世的思想，经历了一场精神危机。后来他参加一段政治改革工作，可是不久就看出，改革是没有意义的。因为在现存制度下不可能做任何认真的事情。安德烈最后在 1812 年保卫祖国的战争中献出了自己的生命。他是那个时代俄国最优秀的人物之一。他不但努力使自己的生活富有意义，不使青春虚掷，还不断地探索生命的意义。他过着一种紧张的精神生活，经常分析自己，对自己总不满足。

安德烈的朋友皮埃尔也是一个精神探索型的人物。在个人性格上，二人却很不相同。安德烈意志坚强，性格果断，富于理智。皮埃尔则容易感情冲动，缺乏意志力，经常是漫不经心的样子。他外表看来有点可笑，但确是个纯朴善良的人。皮埃尔探讨一种道德的理想，寻求一种在精神上能得到满足的生活。他信仰过雅各宾，崇拜过拿破仑，经过无信仰，参加过共济会，搞过改善农民处境的改革，然而一切都以失败告终。他的放荡的妻子给他带来不少烦恼。在 1812 年战争中，他没有撤离莫斯科，伺机行刺拿破仑，被捕后险遭枪决。被俘期间，他从农民士兵卡拉塔耶夫那里发现了生活的"真理"，那就是：生活中不管发生了什么事，都顺从地接受，而不应去谴责和反对什么不公平的事，因为到处都有"上帝的裁决"。其实，卡拉塔耶夫的"哲学"只不过是一个宗法制农民宗教愚昧和政治上落后的一种反映。而皮埃尔却把他当成了精神和谐的化身。小说最后部分，作家写皮埃尔参加了贵族革命家的地下活动。他的人生道路已经确定，走上了同专制政权作斗争的道路。

娜塔莎是俄罗斯文学中最有艺术魅力的妇女形象之一。她单纯自然，精力充沛，对民族传统有深厚感情。在莫斯科大撤退时，她要求母亲把她家装载财物的马车让给伤兵，表现了高尚的思想感情。但由于托尔斯泰保守的妇女观作祟，娜塔莎最后竟变成一个整个身心沉湎于家庭幸福之中的贤妻良母。

《战争与和平》规模庞大，人物众多，精彩的画面一个接着一个，动人的场景层出不穷，纷繁的事件互相交错，对历史事件和人生意义的执著探求，令人感叹。整部小说犹如浩瀚壮阔的海洋，时而风平浪微，安详可爱，时而波涛汹涌，令人胆颤，扣人心弦。《战争与和平》兼备长篇小说和史诗两种成分。它虽然是小说，但其中以巨大的篇幅描写了波澜壮阔的、关系到国家民族命运的伟大战争，歌颂了人民的英雄气概和民族的坚强性格，因此人们认为它是一部可以同《伊利昂纪》相媲美的史诗，很多人称它为史诗体小说。

《安娜·卡列尼娜》在最初构思时，它的主题局限于道德范围，意在谴责女主人公违反道德规范。初稿中这个"失了足"的女人毫无魅力，外貌上和行动上都充满着感官的成分，整个精神气质都带有品行不端的痕迹，是一个趣味低下、没有心肝和卖弄风骚的女人。但在写作过程中，生活启示了托尔斯泰，使他改变了对女主人公的态度。在对现实生活进行了深刻的思索之后，他重新估量了问题的性质，从而揭示出了女主人公悲剧的社会原因，把小说的批判矛头指向了罪恶的社会。于是女主人公安娜的形象发生了根本性的变化，被写成一个光彩照人、感情真挚、内心生活十分丰富的女人。后来又出现了列文的线索，小说的内容更加丰富。这样，《安娜·卡列尼娜》在创作过程中由原来构思的一部家庭伦理小说发展成为一部有着两条线索、画面广阔、思想内容十分深刻的社会小说。

安娜的形象在小说中占有中心的位置。她的悲剧命运是小说思想重心所在。安娜在尚未完全成年之际，由家庭做主嫁给了官僚卡列宁。卡列宁是个枯燥乏味的人，毫无感情，主要兴趣在官场。妻子对于他不过是一件装饰品。社交、家务和照顾孩子，把安娜对真正爱情的追求掩盖住了。和沃伦斯基的相遇，唤醒了她处于沉睡状态的爱情，她开始明白了自己生活之可悲，认清了丈夫的虚伪和冷酷。他不过是一架凶狠的没有感情的机器，正是他摧残了自己的生命，于是终于弃家而去，跟所爱的人走了。

卡列宁把自己装扮成受害者，使用各种方法来折磨安娜，包括拒绝离婚，拒绝把儿子给安娜。由于他的种种凶狠和虚伪的手段，终于造成了安娜的悲剧。安娜的大胆行为也遭到上流社会的非难和敌视。尽管在上流社会道德败坏的事司空见惯，但他们却都把自己装扮成正人君子和贤德淑女，对追求真正爱情的安娜给予了严厉的惩罚。上流社会对安娜关上了大门，等于公开向社会宣布了安娜"荡妇"的身份，这给了安娜极其沉重的打击。

沃伦斯基有钱、漂亮、聪明、有教养，是青年贵族的一个高等标本。实际上他的生活与一般的贵族军官和纨绔子弟并无本质的不同。安娜的爱情在精神上提高了他，使他稍许改变了惯常的生活轨道。他牺牲了功名和自由，辞去了有光辉前程的军职，撇掉了所习惯的社交界，与安娜结合在一起。但他的精神世界远远低于安娜，感情也肤浅，对安娜的内心世界也不完全了解。另外，他也不可能同贵族社会的传统彻底决裂。后来他越来越为自己在上流社会失去的东西而苦恼，逐渐对安娜冷淡下来。在这种情形下，安娜再也没有别的出路，终于自杀，以此向残酷虚伪的社会发出自己最后的抗议。安娜的死完全是社会所造成的，是政治、法律、道德和宗教势力联合压迫的结果。所以，她的悲剧结局是对沙皇俄国贵族资产阶级社会的愤怒控诉。

小说第二条线索的中心形象是列文。这个人物带有作者的影子。小说里描写了列文的精神追求和对社会出路主要是地主与农民关系问题的探索。列文对从欧洲传来的现代文明十分反感，憎恶都市生活的浮华和腐败，而对宗法制的生活有深厚的感情。资本主义发展破坏了旧的生活基础，贵族日益没落，这使他忧心忡忡。他认为贵族地主应该关心农民，他设计了一些改变现存经营方式的方案，幻想"以普遍的富裕和丰足来代替贫穷，以利益的协调和一致，来代替敌视"。一句话，是"不流血的革命"。但是他的改革尝试最后失败了，他陷入了精神痛苦和悲观失望之中。最后他从一个农民那里得到启示，找到人生的答案，即人活着为了灵魂，要记着上帝。结果，尖锐的社会问题弱化成了一个抽象的道德问题。托尔斯泰描写列文和吉蒂建立起美满健康的家庭，在家庭生活中找到了幸福。他们的婚姻和幸福与安娜有着明显对比的意义。

列文的形象反映了作家思想的矛盾。列文一方面憎恶统治阶级的腐化与虚伪，真诚地同情农民，另一方面又不想改变现行的社会经济制度，这说明托尔斯泰这时尚未抛弃贵族的传统观点。但是列文的生活中始终缠绕着一种惶恐不安、困惑和失望的情绪，始终不能在心理和良知上感到完全的平静，这说明托尔斯泰的思想正在酝酿着一种巨大的变化。

《安娜·卡列尼娜》在艺术上有很高的成就。小说中的人物性格鲜明，栩栩如生。细致的心理刻画更增加了这些人物的丰满性和真实性。小说在结构上的特点是两条线索并行而又互相交织。奥布朗斯基一家把安娜、沃伦斯基和列文、吉蒂两组人物紧紧地连在一起，显得十分自然。

19 世纪 70 年代末和 80 年代初，托尔斯泰的世界观发生了激变：他和贵族阶级的传统观点决裂了，站到了广大的宗法制农民立场，用他们的观点来观察各种问题。他在宗教伦理论文《忏悔录》以及《我的信仰是什么？》、《那么我们应该怎么办？》、《我们时代的奴役》等一系列文章中，从新的立场出发，对沙皇俄国的国家制度、教会、特权阶级、私有财产、资本主义罪恶进行了猛烈的抨击。他对各种现存制度都深恶痛绝，却未能提出可以切实消除社会矛盾的办法。他孜孜不倦加以宣传的不过是充满基督教博爱精神的宽恕、仁慈、"不以暴力抗恶"、"道德上自我完善"等等宗教道德信条，把它们当成改造社会的药方，这当然是行不通的。

世界观的转变，也直接影响了创作。这时他认为，过去的文艺都是为满足有闲阶级的口味和适应他们的需要而创作，并不是为了人民。他甚至连自己过去的创作也否定了。他开始创作一些"人民故事"，一般都带着宗教说教的含义。19 世纪 80 和 90 年代创作的一些作品，如剧本《黑暗的势力》、《文明的果实》，中篇小说《伊凡·伊里奇之死》、《克莱采奏鸣曲》和长篇小说《复活》等，都加强了对沙皇俄国国家制度和统治阶级的批判，但同时也都表现了强烈的道德说教倾向。特别是《复活》，对俄国专制制度的批判达到空前尖锐的程度，使它成了批判现实主义文学的巅峰作品。和同时期的其他作品一样，这部作品中也带有"不以暴力抗恶"的执著说教，表现了作者世界观中的明显矛盾。由于托尔斯泰在《复活》等作品和一系列文章中对专制政权和教会进行了无情的揭露与鞭挞，他被官方的教会机关——宗教院革除教籍。

托尔斯泰对官方的迫害没有屈服。他对自己"平民化"的理想也忠贞不贰。由于托尔斯泰要放弃财产，因而同妻子和子女发生了矛盾。1910 年 10 月 27 日半夜，他离家出走，中途病倒，因肺炎死在一个小火车站上。

列宁称托尔斯泰是"强烈的抗议者、激愤的揭发者和伟大的批判者"。他还说，"由于托尔斯泰的天才描述，一个被农奴主压迫的国家的革命准备时期，竟成为全人类艺术发展中向前跨进的一步"。高尔基则说，托尔斯泰的创作所反映俄罗斯生活，"几乎不下于全部俄国文学"。

列夫·托尔斯泰作品精选

战争与和平

故事梗概

小说展示了 1805 年到 1820 年的 15 年间的历史事件，而以 1812 年俄国人民反对拿破仑的卫国战争为中心。

主人公安德烈·包尔康斯基公爵渴望着为祖国建立功勋，在父亲的鼓励下他参加了 1807 年的奥斯特里兹战役，这次在外国领土上进行的战争，俄国失败了。安德烈身负重伤，他躺在尸体遍野的阵地上亲耳听到了拿破仑的狂言使他产生了厌战情绪。战争结束后在一个风雪交加的夜晚他赶回家里，就在儿子呱呱落地的时候，妻子因难产去世了。安德烈心灰意冷，他觉得自己就像村口的那棵百年老橡树一样也老了。在贵族的沙龙里他感到孤独和寂寞，只有胖胖的皮埃尔·别竺霍夫的友谊才能让他得到点安慰。

皮埃尔·别竺霍夫是小说的又一个主人公，他长期生活在巴黎，呼吸过法兰西自由的空气，他对出身低微最后成为法兰西皇帝的拿破仑十分崇拜。为了继承遗产，他回到俄国，父亲死后，他成了彼得堡的首富。为了钱，宫廷显贵把女儿爱伦嫁给了他，爱伦是个风流女人，为了更加显赫的地位她又攀上了外国的一个亲王，离开了皮埃尔，皮埃尔十分痛苦。

安德烈和皮埃尔这两个优秀的贵族青年，是进步思想的探索者，在生活上他们同样不幸。在花天酒地的上流社会，他们找不到自己的位置，在和平的年月里他们感到迷惘。

这时安德烈在苦闷中遇到了罗斯托夫伯爵的小女儿娜塔莎，姑娘火一样的热情点燃了安德烈的心，他想自己才 31 岁还不算老，生活刚刚开始，于是他积极参加了社会改革。可是单纯热情的娜塔莎却被贵族青年阿那托里诱骗，离开了安德烈。安德烈压抑着内心的痛苦，又一次走上前线。

1812 年拿破仑把战火烧到了俄国本土，伟大的卫国战争爆发了，捍卫祖国的战争把这些贵族青年引向了崇高的事业。安德烈在著名的鲍罗金诺战役中主动要求担任团队的指挥官，直接参战，士兵的爱国热情鼓舞着他，他身先士卒，冲锋陷阵，不幸负伤。在医院里他见到了已经被截肢的仇人阿那托里，在生命的最后时刻，也宽恕了仇人，平静地死去了，安德烈为俄罗斯祖国献出了他宝贵的生命。

皮埃尔在卫国战争中看清了拿破仑是个野心勃勃的侵略者，由对拿破仑的崇拜变为憎恶。当库图佐夫元帅命令从莫斯科撤退，给法国人留下一座空城时，皮埃尔隐藏下来，他准备亲自暗杀拿破仑，结果因此而被俘，在俘虏营里他认识了老兵卡拉达耶夫。这个老兵的不以暴力抗恶的思想，深深影响了皮埃尔。卫国战争胜利后，皮埃尔参加了"共济会"，成了某个秘密团体的创始人，他要拯救受苦受难的人民。逐渐觉醒并不断成长的皮埃尔是俄国 19 世纪进步贵族青年的典型。

在和平生活即将结束的时候，发现自己受骗，精神上极度痛苦的娜塔莎，在卫国战争中焕发了她人格的魅力，在莫斯科大撤退时她不顾母亲的反对命令仆人扔掉马车上的财物，把马车让给伤兵，在后方医院里她悉心照顾伤员，在垂危的安德烈公爵面前她忏悔了自己的过失。战争结束后娜塔莎成了皮埃尔的妻子，有了四个儿女，这是个贤妻良母的形象，也是托尔斯泰心目中俄罗斯妇女的楷模。

原文赏读

一

……

安德烈公爵在第二天晚上动身。老公爵没有改变他的生活规律，午饭后就回到自己房里去了。小公爵夫人留在小姑的房间里。安德烈公爵穿着常礼服，在他住的房间里和他的随从收拾行李。他检查了马车，把箱子装到车里，随后吩咐套马。只有一些随身带的东西还放在房里，一只小箱子、一只银制食品箱、两支土耳其手枪和一把佩刀——父亲的赠品，是从奥恰科夫城下带回来的。安德烈公爵这些旅行用品都很整齐，全是崭新的，十分干净，用呢绒套子套着，再用带子仔细地扎起来。

安德烈倒背着手，在屋里来回踱步，眼睛望着前方，若有所思地摇头。他不愿别人看见他悲伤；所以，他一听见门廊里有脚步声，就赶快松开手，在桌旁停住，假装捆绑箱套，尽力显出镇静和莫测高深的表情。这是玛丽亚公爵小姐的沉重脚步声。

"我听说你已经吩咐套马了，"她气喘吁吁地说，"我很想跟你单独谈一谈。谁知道咱们这一别要到何时才能再见呢！我来，你不生气吧？你变得多了，安德留沙。"

她叫了一声他的小名"安德留沙"，不由得微笑了。很明显，她想到这个严峻的美男子，居然是那个瘦巴巴的小淘气安德留沙，她童年的伙伴，觉得十分奇怪。

"丽莎呢？"他问。

"她太累了，在我卧室的沙发上睡着了。啊，安德烈！她真是个好人！"她说着就在哥哥对面坐下来，"她完全是个孩子，一个愉快可爱的孩子。我真喜欢她。"

安德烈公爵默不作声。可是公爵小姐看见他脸上露出讥讽的、轻蔑的表情。

"应当宽容小缺点，谁没有缺点啊，安德烈！你别忘了，她是在上流社会被教养成人的。何况她现在的处境并不好。应当为每个人设身处地想想。你想想看，她离开过惯的生活，又和丈夫分别，孤身一人住在乡下，并且还有身孕，她这个可怜的孩子心里是什么滋味？真够她受的。"

安德烈公爵望着妹妹微笑。

"但是你不是也住在乡下吗？"他说。

"我和她不一样。不过，安德烈，你得替她想想，一个年纪轻轻的上流社会的女人，在最好的年华，埋没在乡下，孤身一人，……你是知道的……在一个过惯上流社会生活的女人看来，我这个人干巴巴的，不懂娱乐，只有布里安小姐……"

"我不欢喜您那位布里安。"安德烈公爵说。

"啊，不！她十分可爱，又善良。她没有一个亲人。说实在的，我不需要她。我从来就是一个野人，现在更是如此。我喜欢孤独……爸爸很喜欢她。爸爸从来只对这两个人——她和米哈伊尔·伊万诺维奇，表示亲近，因为他们都受过他的恩典。她十分善良，爸爸也喜欢听她朗读。她读得好极了。"

"说实话，玛丽，我想父亲的性格有时会使你难堪，是吗？"安德烈公爵忽然说。

玛丽亚公爵小姐先是一惊，然后就害怕起来。

"使我？……使我？！使我难堪？！"她说。

"我想，他很严厉，现在一定变得很难相处了。"安德烈公爵这是在有意为难或者说考验妹妹。

"你各方面都很好，安德烈，只是你有点自视过高，"公爵小姐说，"这可不对。难道父亲是可以评论的吗？就算可以，那么，像爸爸这样的人，除了使人崇拜以外，还能引起别的感情吗？跟他在一起，我十分满足，十分幸福！但愿你们大家都像我一样幸福。"

哥哥怀疑地摇了摇头。

"只有一件事使我难过，——我对你实说了吧，安德烈，——就是父亲对宗教的看法。"

"啊，亲爱的，恐怕你和修道士都白费心机。"安德烈公爵嘲笑地说。

"啊，我的朋友，希望上帝能听到我的祈祷。安德烈，"她沉默着，怯生生地说，"我求你一件大事。"

"什么请求，亲爱的？"

"你得先答应我你不会拒绝。答应我,安德留沙。"她说着就把手伸进手提包里,握住一件东西,可是不拿出来,只是用恳求的目光胆怯地望着哥哥。

"我不怕添麻烦的。"安德烈公爵回答说,好像已经猜出是怎么回事了。

"不管你怎么想都好!我知道你跟爸爸性格一样。不过为了我的缘故,请你一定做!这东西是父亲的父亲,也就是咱们的祖父,一上战场就戴在身上的……"她仍旧没拿出她在手提包里握住的东西,"你肯答应我吗?"

"当然,是怎么回事啊?"

"安德烈,我用这圣像为你祝福,你答应我永远戴在身上……答应吗?"

"如果它不太重……为了使你兴奋……"安德烈公爵说,但是,一见妹妹听了这句笑话脸上露出痛苦的表情,他立刻改口道,"很乐意,我真的十分乐意,亲爱的。"

"不管你的意愿如何,上帝一定会拯救你,宽恕你。"她说。声音激动得发颤,她郑重地把一个救世主像捧到哥哥面前。

她画过十字,吻过神像,然后把它递给安德烈。

"请你收下,安德烈,为了我……"

她的大眼睛放射着善良而羞怯的光芒。这双眼睛照亮了整个清瘦的、病态的面孔,使它变得更美丽了。

"谢谢你,好妹妹。"安德烈说。

她吻了吻他的前额,又坐到沙发上。他们默默无语。

"我已经对你说过,安德烈,你要和气而宽厚。对丽莎不要太严厉。"她开始说,"她很可爱,很善良,并且她现在的处境又是那么困难。"

"玛莎,你怎么老对我说这些事?"

玛丽亚公爵小姐脸红了,不好意思再做声。

"我什么都没对你说过,但是有人对你说了什么了。这使我感到难过。"

玛丽亚公爵小姐更不好意思了。她想说点什么，但是说不出来。哥哥已经猜到：小公爵夫人饭后哭过，谈起难产的预感，害怕生孩子，自叹命苦，埋怨公公和丈夫。后来就睡着了。想到这里，安德烈公爵怜惜起妹妹来。

"有一点你要知道，玛莎，我不能责备我的妻子，过去没责备过，将来也永远不会责备，在对她的态度上，我也没有什么可责备自己的。无论处在什么环境，我永远都是这样。但是，倘若你想知道实情……我可以告诉你：我不幸福。她幸福吗? 也不幸福。这是为什么? 我不知道……"

他一面说，一面站起来，走到妹妹跟前，吻了吻她的前额。

"咱们到她那儿去吧，应当同她告别! 要不，你一个人先去，把她叫醒，我随后就到。彼得鲁什卡! "他招呼他的听差，"快来拿东西。"

玛丽亚公爵小姐站起来，朝门口走去。她突然收住了脚步。

"上帝保佑你，安德烈。"

"啊，真的吗! "安德烈公爵说，"谢谢，玛莎，我立刻就来。"

安德烈公爵在去妹妹房间的路上，又碰见了面带妩媚笑容的布里安小姐，今天这是第三次。

"我还以为您在房间里呢。"她说，有点不好意思。

安德烈公爵严厉地看了她一眼，有些恼怒。他对她一言不发。这位法国女人面红耳赤，她一句话不说就走开了。他走到妹妹门前的时候，公爵夫人已经醒了，正在起劲地说话。

"老伯爵夫人真是老来俏。哈，哈，哈，玛丽! "

他妻子正在讲祖博娃伯爵夫人的闲话，这样的话和这样的笑声，安德烈公爵已经听过五六遍。安德烈轻轻地走进房间。小公爵夫人坐在安乐椅里，手里拿着手工，滔滔不绝地回忆彼得堡的事情。安德烈公爵走过来，抚摸了一下她的头，问她旅途的疲劳是否已经恢复。她回答了一声，仍然继续谈她的。

马车停在门口。外面是黑暗的秋夜。车夫连辕杆都看不清。仆人们提着灯笼在台阶上来回奔忙。一个个大窗户透出辉煌的灯光，照得整所大房子通亮。家仆们聚在前厅准备跟小公爵告别；家里人：米哈伊尔·伊万诺维奇、布里安小姐、玛丽亚公爵小姐和公爵夫人，都站在大厅里。安德烈公爵被父亲叫到书房里，老头子想单独跟他话别。大家正等着他们出来。

安德烈公爵走进书房的时候，老公爵戴着老花镜，穿着白色的睡衣，正坐在桌旁写字。他回头看了一眼。

"你要走了？"他又写起字来。

"我来向您道别。"

"吻我这儿吧，"他伸出面额，"谢谢，谢谢！"

"为什么要谢我？"

"因为你不拖延时日，没有被女人的裙带绊住脚。报国至上。谢谢，谢谢！"他继续写下去，"你有什么要说吗？只管说吧。我可以同时干两样事。"他补充说。

"关于我的媳妇……把她留下来让您操心，真不好意思……"

"别胡扯，说你要说的吧。"

"我媳妇临产的时候，请派人到莫斯科请一个产科医生来……"

老公爵停下笔，严肃地盯着儿子。

"我知道，如果大自然不帮忙的话，什么人都帮不上忙的。"安德烈公爵说，他有点发窘，"当然，这种不幸百万里面只有一个，可是，她和我全有这种幻觉。不知什么人对她瞎说了什么，她做梦都梦见，所以她很害怕。"

"嗯……嗯……"老公爵一边说，一边仍旧写完。"我照办。"

他把笔一挥，签了个花体字，忽然转身对儿子大笑。

"事情有点不妙，是不是？"

"什么事情不妙，爸爸？"

"老婆呀！"老公爵爽快地说。

"我不明白。"安德烈公爵说。

"孩子,这是没有办法的,"公爵说,"女人全一样,离婚是不可能的。你别怕,我不对什么人说,你自己也知道。"

他用瘦骨嶙峋的小手抓住儿子的手,抖了抖,盯着儿子又发出了一阵冰冷的笑声。

儿子叹了一口气,表示承认父亲十分了解他。老头子快速地叠信和封信,时而抓起火漆、印戳、信纸,时而又放下。

"有什么办法?长得漂亮嘛!一切我都照办。你放心吧。"他一面封信,一面断断续续地说。

安德烈默不作声。老头子站起来,把信交给儿子。

"听着,"他说,"不要担心老婆:凡能办得到的,全要办到。你听我说:把这封信交给米哈伊尔·伊拉里奥诺维奇,我在信上说,希望他给你一个合适的位置,不要总叫你当副官。你对他说,我记得他,而且喜欢他。他待你怎样,来信告诉我。倘若他待你不错,就干下去。尼古拉·安德烈耶维奇·包尔康斯基的儿子决不依靠别人的恩典在人家手下服务。现在到这儿来。"

他说得很快,话没说完就停下来,不过,儿子已经习惯理解他的话了。他把儿子领到办公桌前,揭开盖,拉开抽屉,拿出一个练习本,上面满是他写的又粗又长又密的字迹。

"我当然会比你先死。告诉你,这是我的回忆录,等我死后,把它呈交皇上。这儿有一张债券和一封信:这是奖给《苏沃洛夫战史》撰写人的奖金。把这些寄给科学院。这是我的笔记,等我死后,你可以看看,你会从中得到教益。"

"一切全照办,爸爸。"他说。

"好了,那么就再见吧!你要记住一点,安德烈公爵:假如你被打死,我这个老头子会很难过的⋯⋯"他说到这里突然一停,随后突然大喊大叫地接着说:"我倘若听说你的行为不像尼古拉·博尔孔斯基的儿子,我就要⋯⋯感到羞耻！"他尖叫了一声。

"您不必担心，爸爸。"儿子微笑着说。

老头子不说话了。

"我还要恳求您，"安德烈公爵接着说下去，"倘若我被打死，如果我有了个儿子，请让他在您身边长大……请您费神。"

"不让你媳妇教养吗？"老头子说着大笑起来。

他们默默地面对面站着。老头子的锋利目光直看着儿子的眼睛。

"告别完了……走吧！"他突然说。"走吧！"他打开房门，愤怒地高声叫道。

"怎么回事？怎么了？"公爵夫人和公爵小姐看见安德烈公爵走出来，又瞥了一眼穿着白睡衣、没有戴假发、戴着老花镜、怒声喊叫的老头子探出来的身影，异口同声地问道。

安德烈公爵叹了口气，什么也没回答。

"好了。"他对妻子说。这一声"好了"别有意味。

"安德烈，立刻就走吗？"小公爵夫人说，她脸色苍白，带着恐惧的神情望着丈夫。

他拥抱她。她大叫一声倒在他的肩膀上，失去了知觉。

他小心翼翼地把她放在安乐椅中。

"再见，玛丽亚。"他小声对妹妹说，拉着她的手吻了吻，快步走出房去。

公爵夫人躺在安乐椅里，布里安小姐给她揉太阳穴。玛丽亚公爵小姐扶着嫂嫂，她那美丽的眼睛满含泪水，一动不动地望着安德烈公爵走出去的那扇门，朝着公爵画十字。安德烈公爵刚走出去，书房的门突然敞开了，露出穿白睡衣的老头子的严峻身影。

"走了吗？走了就好了！"他说，愤愤地端详一下失去知觉的小公爵夫人，带着不满的神情摇摇头，砰的一声把门关上。

……

二

……

罗斯托夫奉命到普拉茨村附近寻找库图佐夫和皇上，可是这里非但找不到他们，并且连一个长官都没有，只有成群的、乱糟糟的各种军队。他催赶着已经疲乏的马，想快点从这些人群中走过去，但是他越往前走，人群就越乱。在他要想通过的那条路上，拥挤着许多四轮马车和其他各种车辆、各种兵种的俄国兵和奥地利兵，受伤的和没受伤的。这一切在法国炮队从普拉茨高地上射出的炮弹凄厉的声音的伴奏下，发出嗡嗡的响声，乱哄哄地前进着。

"皇上在哪儿？库图佐夫在哪儿？"罗斯托夫碰见人就问，但是没有人回答他。

最后，他抓住一个士兵的衣领，强迫他回答。

"嘿，老弟！老早就溜了，向那边跑掉了！"那个士兵对罗斯托夫说，不知为什么他一边挣脱，一边哈哈大笑。

罗斯托夫丢开这个喝醉了的士兵，又拦住牵着马的某个大官的勤务兵或者马夫，向他打听。勤务兵告诉罗斯托夫，一小时前皇上坐着轿式马车从这条路上疾驰而过，皇上受了重伤。

"不会的，"罗斯托夫说，"一定是别人。"

"我亲眼看到的。"勤务兵露出得意的冷笑，说，"我现在认得出皇上了：我在彼得堡见过好几次皇上。他脸色煞白地坐在马车上。四匹黑马驾辕，我的天啊，从我们面前隆隆地狂奔而过：我现在连御马和车夫伊利亚·伊万诺维奇都认得。好像他除了给皇上赶车，不给第二个人赶车。"

罗斯托夫策马想继续前进。一个受伤的军官从身边走过。他问罗斯托夫："你找谁？找总司令吗？被炮弹打死了，他就在我们团里，胸腔中了弹。"

"没有打死，受了伤。"另一个军官修正道。

"说的是谁？是库图佐夫吗？"罗斯托夫问。

"不是库图佐夫，我记不得他叫什么了，——反正都一样，活着的没有几个。您到那儿去吧，到那边村子里，长官都在那儿。"那个军官指着霍斯蒂拉德克村，说完就往前走了。

罗斯托夫缓步而行，他不知道他现在为何而来和去找谁。皇上受伤了，仗是打输了。现在必须相信这一点了。罗斯托夫向着指给他的那个方向走去，远远可以看见那边的钟楼和教堂。为什么要着急呢？就算皇上和库图佐夫还活着，没有受伤，现在又对他们说什么呢？

"走这条路，大人，走那边准被打死，"一个士兵对他喊道，"那边会被打死的！"

"咳！什么话！"另一个士兵说，"他要到哪儿去？走那儿近些。"

罗斯托夫想了想，向着人们告诉他会被打死的方向走去。

"现在无所谓了！倘若皇上真的受了伤，我还关心自己干吗？"他想。他来到那个从普拉茨高地下来的伤亡人数最多的开阔地。法军还没有占领这个地方，但是俄国人早已把它放弃了。在战场上，就像田地上堆着禾捆似的，每俄亩都躺着十个至十五个伤亡者。伤员三三两两地爬到一起，发出难听的、罗斯托夫觉得有时假装的喊叫和呻吟。为了不看见这些受苦的人，罗斯托夫策马疾行，他开始觉得害怕了。他不是为自己的生命担心，而是为他所需要的勇气担心。他明白，眼看这些不幸的人会使他丧失勇气。

法国人不再对这遍地死尸和伤员的战场射击了，因为这儿已经没有一个活人了，可是他们看见有一个传令官走过，就对准他射了几发炮弹。可怕的呼啸声和周围的死尸使罗斯托夫产生了一种恐怖的印象，并且使他怜悯自己。他想起母亲最近的一封信。"倘若她现在看见我在这战场上，大炮正向我瞄准，她会有什么感想？"他想。

在霍斯蒂拉德克村里，从战场上撤下来的俄国军队虽然也十分乱，可秩序已经好多了。法军的炮弹打不到这里，枪声听起来也遥远了。这里人们已经清楚地看到，并且也都在说，仗是打输了。罗斯托夫不管问谁，没有一个人知道皇上在哪儿，库图佐夫在哪儿。有人说传闻皇上真的受了伤，又有人说，不对，所以有这个谣传，是因为在皇上的轿式马车上坐着一个随皇帝侍从一同来战场、吓得面无人色的宫廷大臣托尔斯泰伯爵，从战场向后方奔驰。有一个军官告诉罗斯托夫，在村后左首他看见一位大官，于是罗斯托夫就往那儿去了，他对找到什么人已经不怀什么希望，只是为了问心无愧罢了。罗斯托夫走了三俄里左右，赶过最后一批俄国军队，在挖了一条沟的菜园附近看见两个骑马的人，他们站在沟对面。其中一个戴着白缨帽，不知为什么罗斯托夫觉得很眼熟；另外一个不认识的人骑一匹枣红骏马（这匹马罗斯托夫觉得十分熟），来到沟沿，刺了一下马，松开缰绳，轻快地跳过菜园的沟渠。只见尘土沿着马后蹄往堤坡下面溜。他忽然掉转马头，又跳回沟那边去，恭恭敬敬地对那个戴白缨帽的骑者说话，很明显是请他也跳过去。那个罗斯托夫似乎认识的骑马人不知为什么引起了罗斯托夫的注意，他摇头摆手做了一个否定的姿势，罗斯托夫一瞥这个姿势，立刻认出他正是他为之悲伤的、崇敬的君主。

"他独自一个人在这空旷的田野里，这不可能。"罗斯托夫想。这时亚历山大转过头来，罗斯托夫看见了栩栩如生地印在他的脑海中的可爱面容。皇上脸色苍白，两腮下陷，眼睑也陷下去了，可是他的容貌显得更秀美，更温和了。罗斯托夫感到幸福，因为这证实了皇上受伤的消息不确实。他感到幸福，因为看见了皇上。他知道，他能够，甚至应该直接去见皇上，转达多尔戈鲁科夫命令他转达的事情。

可是，就像一个正在谈恋爱的青年，当梦寐以求的时刻来临，单独去会见她的时候，竟不敢说出朝思暮想的话，只是浑身发抖，目瞪口呆，惊慌失措地四处张望，想寻求帮助，或者想找个拖延时间和逃跑的机会，现在罗斯托夫实现了他生平最大的愿望，但是不知道怎样去见皇上，他脑海中出现千万条理由使他觉得这样去见皇上不合适、不礼貌、不可能。

"这怎么行啊! 趁着他独自一人并且是灰心丧气的时机, 仿佛我倒兴奋似的。在这可悲的时刻一个陌生人在他面前出现, 他会不快乐而且感到难过的; 再说, 我现在能对他说什么呢, 一看见他, 我的心脏就停止跳动, 舌头也发干! " 为了见皇上而准备的千言万语, 此刻一句话也想不起了。

"再说, 现在已经下午四点钟, 仗也打输了, 我怎么还能向皇上请示对右翼发布命令呢? 不, 我绝对不能去见他, 不该打扰他的沉思默想, 我宁愿死一千次, 也不愿看见他的疾言厉色。" 罗斯托夫就这样决定了, 他怀着抑郁和失望的心情离开了, 同时不停地回头看看仍旧站在那儿徘徊犹疑的皇上。

正当罗斯托夫这样想, 悲哀地离开皇上的时候, 冯·托尔上尉偶然来到这里, 他看见皇上, 就一直驰到他跟前, 为他效劳, 帮助他走过沟渠。皇上感到不舒服, 想休息一下, 在苹果树下坐下来, 托尔站在他身边。罗斯托夫远远地怀着羡慕和后悔的心情看见冯·托尔长久地、热烈地向皇上说什么, 皇上握着托尔的手, 捂着眼睛似乎在哭。

"我本来也可以处在他的位置的! " 罗斯托夫默默地念叨, 他强忍着同情皇上的眼泪, 怀着完全沮丧的心情往前走, 他现在既不知道往何处去, 也不明白为何而来了。

当他觉得他个人的弱点是他痛苦的原因的时候, 他那失望的心情更加强烈了。

他本来可以……不但可以, 并且他应该去见皇上。这是向皇上表达忠心的唯一机会。但是他没有利用它……"我干的什么事啊? "他想。于是掉转马头, 向看见皇上的地方驰去, 但是沟那边一个人都没有了。只有大车和马车走过。罗斯托夫从一个车夫那里打听到, 库图佐夫的司令部就在近处的村子里, 车队正向那里行进。最后罗斯托夫就跟着车队去了。

在他前面走着的是库图佐夫的马夫, 他牵着一匹披着马被的马。马夫后面是一辆大车, 大车后面走着一个戴尖顶帽、穿短皮袄、罗圈腿的老家奴。

"季特，我说，季特！"马夫说。

"干吗？"老头心不在焉地回答。

"季特，去打禾！"

"咳，傻小子，去你的！"老头生气地啐了一口。默默地走了一会，又重复着同样的玩笑。

下午五时，全线都打了败仗。一百多尊大炮落到法国人手里。

普热贝舍夫斯基和他的兵团缴了械。其他纵队损失了将近一半的人，乱糟糟地溃退了。

朗热隆和多赫图罗夫的残部，挤在奥格斯特村池塘边和堤坝上。

下午五时以后，只有奥格斯特堤坝周围还响着激烈的炮击声，这是法军在普拉茨高地斜坡上摆开许多大炮射击我们退却的军队。

在后卫，多赫图罗夫和别的人，集合了几个营的兵力，正在狙击追击我们的法国骑兵。

每隔十秒钟就有一发炮弹飞来，落在稠密的人群中间，或者有一颗榴弹爆炸，杀伤着人，把鲜血溅到站在近旁的人身上。多洛霍夫手受了伤，带着十来个士兵步行（他已经当军官了），他的团长骑着马，全团只剩这些人了。他们被人流卷到堤坝前面。被周围的人群拥挤着，停了下来，因为前面有一匹马倒在大炮下面，人们正把它拖出来。一颗炮弹打中了他们后面的人，另一颗落到前面，鲜血溅到多洛霍夫身上。人群狠命地拥挤，推搡，走几步又停下来。

"走出这几百步，或许就可以得救，再停留两分钟，肯定会死。"每个人都这样想。

多洛霍夫从人群中向堤坝边猛冲过去，绊倒了两个士兵，他跑到池塘的光滑冰面上。

"下来！"他喊道，在冰上一跳一跳地走，冰在他脚下轧轧作响。"下来！"他向炮车喊叫。"撑得住！……"

冰禁住了他，可有点下陷，并且轧轧直响，显然，不但禁不住大炮和人群，甚至他一个人也会陷下去。人们看着他，在岸上拥挤着，还不敢下去。骑着马的团长停在堤坝前面，对多洛霍夫举起手，张着嘴。忽然在人群头上低低地飞来一颗炮弹，人们都弯下身来。有个东西噗哧一声打到潮湿的地方，那个将军从马背上栽倒在血泊中。不但没有人想到去扶起他，甚至没有人看他一眼。

"到冰上去！从冰上走！走啊，走啊！下去，下去！没听见还是怎么啦！走啊！"在那颗炮弹打中将军以后，忽然响起无数的声音。

上到堤上的最后一尊大炮开到了冰上。成群的士兵从堤坝上跑到结冰的池塘里来。最前面的一个士兵踩破了冰面，一只脚掉到水里，他想抽出来，结果陷入了齐腰深的水里。靠近他的几个士兵胆怯了，炮车的驭手勒住了马，但后面仍然传出喊叫声："到冰上去，为什么站住了，走啊！走啊！"人群中响起可怕的喊声。炮车周围的士兵挥动手赶马，打它们，叫它们掉头下去。马离开了岸边。原先禁得住步兵的冰坍塌了一大块，冰上的四十来个人，有的前，有的后，你推我拥地全掉到水里。

炮弹仍旧不停地呼啸着，落到冰上、水里，多数落到挤满堤坝、池塘和岸边的人群中。

安德烈·包尔康斯基公爵就在普拉茨山上他擎着旗杆倒下去的地方躺着，流着血，呻吟着。

将近傍晚时分，他不再呻吟了，完全平静下来。他不知道他失去知觉已经有多长时间了。他忽然感觉自己还活着，他的头像裂开似的疼痛难忍。

"那个天空在哪儿，那个我从来不知道，直到现在才看见的高远的天空在哪儿？"这是他首先想到的。"这种痛苦，我本来也不知道，"他想，"是的，我至今什么也不知道，什么也不知道。但是我在哪儿呢？"

他留神细听，听着渐渐走近的马蹄声和说法语的人声。他睁开眼。上面仍旧是高远的天空和更高的浮云，透过浮云是无垠的遥远的苍穹。他没有扭动头，没有看见那些由马蹄声和人声判断已经走到他跟前停下来的人们。

驰到跟前来的是拿破仑和两名随身副官。波拿巴在巡视战场，他发出了加强炮兵对奥格斯特堤坝轰击的最后命令，而且查看一下战场上的死者和伤者。

"优秀的人民！"拿破仑望着一个被打死的俄国掷弹兵，说。这个掷弹兵肚皮贴地躺着，脸埋在土里，脖颈发黑，一只已经僵硬的手伸得老远。

"炮弹用光了，陛下。"这时从轰击奥格斯特村的炮队那儿来了一位副官，说。

"命令从后备中运去一些。"拿破仑说，他走了几步，在仰面躺着的安德烈公爵跟前停下来，他身旁扔着一根旗杆（军旗已经被法国人拿去当战利品了）。

"这个死得好。"拿破仑望着包尔康斯基说。

安德烈公爵心里明白，这是指他说的，谈话的人是拿破仑。他听见人们称呼这个谈话的人为陛下。但是他听到这些话，就好似听到苍蝇嗡嗡叫，不但不感到兴趣，并且不放在心上，立刻就忘掉了。他的头像火烧似的痛，他觉得他的血就要流干了，他看见他上面那个遥远的、高高的、永恒的天空。他知道这是拿破仑——他所崇拜的英雄，可是此刻，与他的心灵和那个高高的、无边无际的天空和浮云之间所发生的一切相比，他觉得拿破仑是那么渺小、那么无足轻重。这时不管是谁站在面前，不管说他什么，对他都无所谓。他兴奋的仅仅是人们站在他跟前，他只希望这些人能帮助他，使他生还，生命在他眼中是如此美好，因为他现在有了不同的理解。他集中力量想动一动，发出一点声音。他轻轻地动了一下脚，发出可怜的、微弱的、病人的呻吟。

"啊！他还活着，"拿破仑说，"把这个年轻人送到救护站去！"

拿破仑说完就迎着拉纳元帅驰去，这位元帅脱掉帽子，微笑着祝贺胜利，驰到皇帝面前。

以后的事安德烈公爵就不记得了。当他醒来时，天已经很晚了，这时他和别的受伤和被俘的俄国军官一起已经被送到医院里。在这次移动时，他觉得清醒些了，能够四外张望，甚至能说话了。

他苏醒后听到的头几句话是一个护送的法国军官匆匆地说："得在这儿停一停：皇上很快就要过来。他看见这些被俘的先生们一定十分兴奋。"

"今天这么多俘虏，差点把俄军全部都抓来了，大概他都看够了。"另外一个军官说。

"不，那倒难说！据说这个是亚历山大皇帝的近卫军总司令官。"第一个军官指着身穿重骑兵白制服的、受伤的俄国军官说。

包尔康斯基认出此人是他在彼得堡社交界见过的列普宁公爵。他身边站着另一个受伤的重骑兵军官，是一个 19 岁的少年。

波拿巴纵马驰来，他勒住了马。

"谁是将官？"他见到俘虏后说。

人们说出上校列普宁公爵的名字。

"您是亚历山大皇帝骑卫团团长吗？"拿破仑问道。

"我指挥一个连。"列普宁回答说。

"你们团光荣地尽到了职责。"拿破仑说。

"伟大统帅的称赞对于军人是最好的奖赏。"列普宁说。

"我十分兴奋给您这个奖赏，"拿破仑说，"您身边这个年轻人是谁？"

列普宁公爵说出苏赫特伦中尉的名字。

拿破仑看了看他，面带笑容说："他太年轻了。"

"年轻并不妨碍做一个勇士。"苏赫特伦打断他的话说。

"答得妙，"拿破仑说，"年轻人，你的前途无量！"

为了展示全部的缴获——俘虏，安德烈公爵也被送到面前让皇上过目，他不能不引起他的注意。很明显拿破仑记得他在战场上见过他,他称他为"年轻人"，因为这是包尔康斯基给他的第一个印象。

"是您，年轻人？唔，是您，年轻人？"他对他说，"您觉得怎样？勇敢的人？"

虽然五分钟前安德烈公爵可以跟抬他的担架兵谈几句，可是现在，他直盯着拿破仑一声不响……他觉得，比起他看见的和理解的高高的、公正的、慈祥的天空来，拿破仑现在所关心的一切是那么无足轻重的，他那个崇敬的英雄满怀猥琐的虚荣和胜利的喜悦，是那么渺小，——这使他无法回答他。

并且，比起因为流血过多而衰弱无力、痛苦以及即将来临的死亡在他心中引起的那种庄严伟大的思绪来，一切全都显得微不足道。安德烈公爵看着拿破仑的眼睛，想到伟大是多么渺小，谁也弄不清其意义的生命是多么渺小，在活人中谁也弄不明白和说不清其意义的死亡是多么渺小。

皇帝不等回答就勒转了马，临走时对一个军官说："叫他们照顾这些先生们，把他们送到我的宿营地，让御医拉雷检查他们的伤口。再见，列普宁公爵。"于是他策马疾驰而去。

他脸上洋溢着自满和幸福的光彩。

抬安德烈公爵的士兵偶然看见了那枚玛丽亚公爵小姐挂在哥哥身上的金质小圣像，就摘了下来，刚才看见皇上对这些俘虏表示亲近，又赶快把小圣像归还他了。

安德烈公爵没有看见是谁和怎样又给他戴上的，但是那个有细金链的小圣像忽然在他胸前制服上出现了。

"倘若一切都像玛丽亚公爵小姐所想的那么简单明了，那就好了，"安德烈公爵看了看那枚妹妹以如此深情和虔诚给他戴上的小圣像，心里想，"那就好了。倘若能够知道今生到何处去寻求帮助，而在身后会有什么遭遇，那该多好啊！倘若我现在就能说：主啊，怜悯我吧……那么，我会多么幸福和安心！但是这话我对谁说呢？难道对那个不可捉摸和不可思议的力量说——对它我不但不能祈求，甚至说不出它是伟大，还是渺小，难道对玛丽亚公爵小姐缝在我身上的护身符里的那个神说吗？除了我所了解的那个东西的渺小和那个不可理解，却极为重要的东西的伟大之外，没有什么东西。没有什么东西是靠得住的！"

担架移动了。每一颠簸又使他感到难以忍受的疼痛，发寒热的状态加剧了，他不停地说胡话。父亲、妻子、妹妹和未来的儿子的幻影，以及战役前夜他所感受的缠绵柔情，渺小的、微不足道的拿破仑的身形和在这一切之上的高高的天空——构成了他在热病状态中幻觉的主要内容。

在他的想象中出现了童年的宁静生活和快适的家庭幸福。正当他欣赏这种幸福的时候，忽然出现了一个小小的拿破仑，他那眼神冷酷无情，学识短浅，而且幸灾乐祸，于是开始发生了怀疑、痛苦，只有天空给人以慰藉。快到早上的时候，一切幻觉全搅在了一起，融合成一片混沌和不省人事的黑暗状态，据拿破仑的医生拉雷的意见，这种状态的结果极可能是死亡，而不是恢复健康。

"这是个神经质和多胆汁的家伙，"拉雷说，"他不会痊愈的。"

安德烈公爵和其他没希望的伤员全都交给当地居民照料去了。

……

三

……

皮埃尔坐在多洛霍夫和尼古拉·罗斯托夫对面，贪馋地大吃大喝。凡是有点知道他的人，都看出他今天大大地变了样。他在整个吃饭时间都默不作声，眯着眼，皱着眉，环视四周，或者出神地两眼发呆，用指头擦鼻梁。他精神不振，面色阴沉。他对周围发生的一切似乎视而不见，听而不闻，专心思索一件烦恼的，难以解决的问题。

那件无法解决、使他苦恼的问题，是那位在莫斯科的公爵小姐曾向他暗示多洛霍夫和他妻子的关系密切，今天早上他接到一封匿名信，另外，信中说他戴着眼镜看不清楚，他的妻子和多洛霍夫的关系只有对他一个人才是秘密。不论是公爵小姐的暗示还是那封信，皮埃尔都完全不相信，可是他现在怕看坐在他对面的多洛霍夫。他的目光每次偶尔碰到多洛霍夫那对俊美傲慢的眼睛，皮埃尔就感到，一种可怕的、混乱的东西在心中油然而生。皮埃尔不自觉地回忆起他妻子过云的一切，以及她和多洛霍夫的关系，皮埃尔清楚地看出，匿名信中所说的，倘若说的不是他的妻子的话，大约是真的，至少，可能像是真的。皮埃尔不白得记起多洛霍夫在那次战役后官复原职，回到彼得堡后就去找他。多洛霍夫利用他和皮埃尔是酒友关系，就直接到他家里去，皮埃尔安排他住下，而且借给他钱。皮埃尔回忆起海伦怎样微微含笑对多洛霍夫住在他们家里表示不满，多洛霍夫如何下流无耻地夸奖他妻子的美丽，从那时起，一直到他来莫斯科，他从来没有离开过他们。

"是啊，他十分漂亮，"皮埃尔想，"我知道他这个人。我为他奔走过，供养过他，帮助过他，正因为如此，才使得他觉得败坏我的名誉，嘲笑我，是一件特别有趣的事。我知道而且了解，倘若这是真的，在他看来这就会在他的欺骗上更增添一层乐趣。是的，倘若这是真的话；可是我不相信，我没有权利并且也不能相信。"他想起当多洛霍夫在干残酷事的时候，他脸上那副表情，例如，当他把派出所所长绑在狗熊身上扔到水里的时候，或者当他没有理由要跟人决斗的时侯，或者当他用手枪打死驿站车夫的马的时候。当他看皮埃尔时，他脸上也经常有这种表情。"是的，他是一名决斗家。"皮埃尔想道。"杀死一个人在他不算回事，他肯定觉得人人都怕他，这一定使他很开心。他一定以为我也怕他。我也确实怕他。"皮埃尔想，一有这些想法，他又感觉到一种可怕的、混乱的东西在心中油然而生。多洛霍夫、杰尼索夫和罗斯托夫现在坐在皮埃尔对面，他们看来很开心。罗斯托夫愉快地跟两个朋友谈话，其中一个是骁勇的骠骑兵，另一个是有名的决斗家和浪荡公子，他们不时用讥笑的目光看看皮埃尔，他心事重重，心神不定，身躯庞大，在筵席上很显眼。罗斯托夫对皮埃尔侧目而视，这是因为，第一，在他那骠骑兵的眼光看来，皮埃尔是一个没有军籍的富翁，美人的丈夫，一句话，是一个懦夫；其次，是因为皮埃尔心事重重，神不守舍，竟然没有认出罗斯托夫，没有向他答礼。在为皇上的健康祝酒时，皮埃尔忙于想心事，没有站起来，也没有举杯。

"您怎么啦？"罗斯托夫闪着高兴的、愤怒的目光望着他喊道。"难道您没有听见：为皇上的健康干杯！"皮埃尔叹了口气顺从地站起来干了一杯，等大家全坐下来，他面带着友好的微笑，对罗斯托夫说：

"我没有认出您呢。"他说。可是罗斯托夫顾不上这个，他正在喊"乌拉"呢！

"你干吗不重温旧交啊。"多洛霍夫对罗斯托夫说。

"去他的吧，笨蛋一个。"罗斯托夫说。

"应当向漂亮的女人的丈夫讨好嘛。"杰尼索夫说。

皮埃尔没有听见他们说什么，但是他知道是在说他。他红了脸，转过身去。

"喂，现在为漂亮的女人干杯。"多洛霍夫说，他那样子很认真，但嘴角含着笑意，他向皮埃尔举起杯来。"为漂亮女人和她们的情夫干杯，彼得鲁沙（皮埃尔的俄语爱称）。"他说。

皮埃尔垂下眼睛，不看多洛霍夫，也不理睬他，喝了自己杯里的酒。侍者分发库图佐夫的大合唱歌词，在作为贵宾的皮埃尔面前放了一页。他想拿起它，但是多洛霍夫探过身来从他手里抢了过去，开始读起来。皮埃尔向多洛霍夫扫了一眼，又垂下眼来；在整个宴会期间折磨着他的那种可怕的、混乱的情绪油然而生，而且占据了他。他把整个肥胖的身体探过餐桌。

"您胆敢拿！"他大喝一声。

涅斯维茨基和右首座位的客人听见这声喊叫，看出他是对谁而发的，都吃惊地连忙转向别竺霍夫。

"算了吧，算啦，您怎么啦？"他们发出惊恐的低语。多洛霍夫睁着发亮的、愉快的、凶残的眼睛，看了看皮埃尔，他那嘴角含着的微笑似乎在说："啊，我就是喜欢这样。"

"我不给你。"他说，字音咬得清清楚楚。

皮埃尔脸色苍白，嘴唇发抖，忽然抢过那张纸。

"您……您……这流氓！……我要跟您决斗。"他推开椅子，站起来，说。他觉得，那个在最近几天一直使他烦心的关于他的妻子犯罪的问题，就在他这样做和这样说的一瞬间，终于完全并且坚决地肯定下来了。他恨她，永远跟她决裂了。罗斯托夫不顾杰尼索夫劝告他不要插手这件事，但他仍然同意做多洛霍夫的副手，散席后和别竺霍夫的副手涅斯维茨基谈妥了决斗的条件。皮埃尔回家了，而罗斯托夫和多洛霍夫以及杰尼索夫留在俱乐部里听茨冈和歌手们唱歌，一直坐到深夜。

"那么明天在索科尔尼克森林见吧。"多洛霍夫和罗斯托夫在俱乐部门廊分手时，说。

"你心情安静吗？"罗斯托夫问。

多洛霍夫站住了。

"告诉你吧，我可以用两句话向你揭示决斗的全部秘诀。倘若你在决斗时，立下遗嘱，给父母写温情的信，倘若你想到你可能被打死，那么，你就是个大笨蛋，十有八九要完蛋；倘若你在决斗时意志坚定，一定要把对方最快最准地干掉，那就会诸事顺利，正像我们科斯特罗马的一位猎熊手对我常说的：谁不怕熊啊？可是，你一看见它，心里只想可别让它跑掉了，害怕的心理就没了。我也是这样。"明天见，亲爱的！"

第二天早上八点钟，皮埃尔和涅斯维茨基驱车来到索科尔尼克森林，发现多洛霍夫、杰尼索夫和罗斯托夫已经在那里了。皮埃尔那副神情，似乎是在集中精力思考一个与当前的事毫无关系的问题。他面容消瘦，脸色发黄。看来是一整夜未睡。他精神恍惚地环顾四周，仿佛害怕灿烂的阳光，皱着眉头。有两种思绪一直萦绕在他的心头：在整夜失眠以后，关于他妻子的犯罪已经确定无疑了，而多洛霍夫却没有罪过，因为他没必要维护一个与他无关的人的名誉。"我处在他的地位也会这样做的。"皮埃尔想。"其实我一定会这样做;这场决斗,凶杀,有什么意义? 不是我杀死他,就是他打中我的脑袋、臂肘、膝盖。离开这儿吧,逃跑,到什么地方躲起来,"他突然起了这个念头。正当他有这个想法的时候,他用那使旁观者不禁肃然起敬的非常镇静和满不在乎的神气问道:"快了吧,准备好了吗?"

一切都准备就绪,两把军刀插在雪里,表示决斗的双方应当走到的界线,手枪也上了膛,这时涅斯维茨基走到皮埃尔跟前。

"伯爵,在这重要的关头,十分紧要的关头,倘若我不对您说实话,我就是没有尽到应尽的职责,也就是辜负了您让我当您的副手所给予我的信任和荣誉,"他怯生生地说,"我认为,这件事没有充分的理由,也不值得为它而流血……是您的不对,您太性急了……"

"可不是,太荒唐了……"皮埃尔说。

"那么让我去转达您的歉意,我相信您的对手会同意接受您的道歉的。"涅斯维茨基说,他像别的当事人一样,还不相信事情真的已经闹到非决斗不可的地步。"您知道,伯爵,承认自己的错误,总比把事情弄得不可收拾要好得多。任何一方都没有受到屈辱。让我去谈判吧……"

"不,没有什么可谈的! "皮埃尔说,"反正一样……准备好了吗?"他又说了一句。"您只要告诉我,朝哪儿走,朝哪儿放枪?"他说,不自然地微笑着。他接过手枪,问开枪的方法,因为他至今从没拿过手枪,这一点他是不愿承认的。"对了,就是这样放,我知道,不过我忘了。"他说。

"没有什么可道歉的,没这回事。"多洛霍夫对也试图调解的杰尼索夫说,于是他也走到规定的地点。

决斗的地点是一片不大的松林空地,离停雪橇的大路八十来步远,由于近来天气变暖,地上的雪正在融化。决斗的双方站在相距四十来步的空地两边。副手们在潮湿的深雪上步量距离,从他们站的地方,到相距十步远插着涅斯维茨基和杰尼索夫的两把军刀作为界线的地方,留下了许多脚印。雪在融化,雾在上升;四十步开外什么也看不见。三分钟后一切准备就绪了,但仍旧拖延着。大家全沉默不语。

"喂，开始吧！"多洛霍夫说。

"行啊。"皮埃尔说，依旧微笑着。

气氛是紧张可怕的。显然，如此容易就开了头的事情，已经无法阻止了。杰尼索夫第一个向前走到界线，宣布：

"因为敌对双方拒绝调解，那么就请开始吧：拿起手枪，在喊到'三'时，双方向前走。"

"一！二！三！"杰尼索夫气愤愤地高声喊道，随后退到一旁。两人顺着踩出的小道往前走，越来越近，在雾中彼此辨认着对方。敌对双方在走到界线时只要愿意开枪，都有权利开枪射击。多洛霍夫不紧不慢地走，没有把枪举起来，他那对明亮闪烁的蓝眼睛注视着对方的脸。像平日一样，他的嘴角似乎含有笑意。

在发出"三"字口令后，皮埃尔快步向前，他离开践踏的小道，走到没有踩过的雪地上。皮埃尔向前伸出握住手枪的右手，仿佛担心这支手枪会把自己打死似的。他尽力把左手伸到后面，因为他老想用它支撑住右手，但是他知道这是不准许的。皮埃尔走了六七步就离开小道走到雪地上，他看了看脚下，又很快地望了多洛霍夫一眼，就照人家教给他的那样用指头勾了一下枪机，皮埃尔怎么也没料到声音会这么响亮，他一听见自己的枪声吓了一跳，然后他对自己竟有这样的印象微微一笑，站住不动了。由于有雾，硝烟格外浓，最初一瞬间阻碍他看见东西；但他等待的另一声对他的射击，没有随之而来。只听见多洛霍夫急促的脚步声，透过烟雾，现出他的身影。他用一只手捂着左边身子，另一只手紧紧攥住下垂的手枪。他脸色苍白。罗斯托夫跑过去对他说了句什么话。

"不……"多洛霍夫咬紧牙说，"不，没有完。"他跌跌撞撞，踉踉跄跄地又走了几步，到了军刀旁边倒在雪地上。他的左手全是血，他在常礼服上擦了擦手，用它支撑着身子。他的脸色苍白，皱紧眉头，直打哆嗦。

"请……"多洛霍夫想说话，可不能一下子说完……"请吧"他费力地说。皮埃尔差点大声哭出来，向多洛霍夫跑过去，已经要越过界线了，多洛霍夫大喝一声："回到界线上！"皮埃尔方才明白是怎么回事，于是站到军刀旁边。他们相距只有十步远。多洛霍夫把头低到雪地上，贪婪地嚼着雪，又抬起头来，振作一下精神，把两条腿收回来，寻找牢靠的重心，坐了起来。他吞食冰冷的雪，吸吮着它；他的嘴唇哆嗦着，但仍旧含着微笑；他聚集着最后的力量，眼睛闪着努力和凶狠的亮光。他举起枪来瞄准。

"侧着身子，用手枪掩护。"涅斯维茨基紧张地说。

"掩护！"甚至连杰尼索夫也禁不住向对方喊了一声。

皮埃尔带着抱歉和悔恨的微笑，毫无防御地叉开两腿，张开两臂站着，他那宽敞的胸膛直对着多洛霍夫，他忧郁地看着他。杰尼索夫、罗斯托夫和涅斯维茨基都闭上了眼睛。就在这时，他们听见枪声和多洛霍夫凶恶的喊叫。

"没有打中！"多洛霍夫喊了一声，就无力地脸向下躺在雪地上。皮埃尔抱着头，转身踏着深雪向林中走去，他不知所云地自言自语。

"荒唐……荒唐！死……谎言……"他紧皱着眉头絮叨着。涅斯维茨基拦住他，把他送回家去。

罗斯托夫和杰尼索夫护送受伤的多洛霍夫。

多洛霍夫躺在雪橇里，闭住眼睛不说话，不论问他什么，他都一声不语，但是进入莫斯科后，他突然醒过来了，吃力地抬起头来，握住坐在他身旁的罗斯托夫的手。多洛霍夫的表情完全变了，出人意外地庄重而温柔。

"唉，怎么样？你自我感觉怎么样？"罗斯托夫问。

"不好！不过，这倒没什么。我的朋友，"多洛霍夫时断时续地说，"我们在哪儿？我知道是在莫斯科。我倒没什么，但是我把她害死了……她受不了这个，她受不了……"

"谁？"罗斯托夫问。

"我母亲。我母亲。我的天使，我所崇拜的天使，母亲。"多洛霍夫握住罗斯托夫的手，哭了。等他稍稍平静一些，他告诉罗斯托夫，他和母亲住在一起，倘若母亲看见他将要死去，她是受不了的。他央求罗斯托夫先到她那里，使她有所准备。

罗斯托夫先去执行他的嘱托，使他大为惊诧的是，多洛霍夫，这个暴徒，专爱找人决斗的多洛霍夫，在莫斯科跟老母亲和一个驼背的姐姐住在一块，竟然是一个非常柔顺的儿子和弟弟。

最近一段时间，皮埃尔极少同妻子见面。不管在彼得堡还是在莫斯科，他们的家总是宾客盈门。在决斗后的第二天夜里，他像往常那样，没有到卧室去，就待在他父亲老伯爵别竺霍夫去世的那间特大的书房里。

他歪在沙发上想睡一觉，忘掉他所经历的一切，但他不能入睡。暴风雨般的思绪、回忆，一下子涌上了他的心头，他不但不能睡，并且不能平静，不得不从沙发上跳起来，在屋里快步走来走去。他时而想起刚结婚的日子，她袒胸露臂，眼神懒倦而热情，但在想起她的同时，又想起多洛霍夫在宴会上那张秀美、蛮横、强悍而含有讥笑的面孔，同样是多洛霍夫那张面孔，当他跟跄地倒在雪地上时，成了一张苍白、颤抖、痛苦的面孔。

"发生了什么事？"他问自己。"我打死了情夫，是的，我打死了妻子的情夫。是的，是这么回事。为什么？我怎么竟然干出了这等事——因为你娶了她。"内心的声音在回答。

"但是我有什么过错？"他问。"过错就在于你不爱她而娶了她，过错就在于你欺骗了自己，同时也欺骗了她。"于是他清清楚楚地想起了在瓦西里公爵家晚饭后的那个时刻，当时他言不由衷地说了一句："我爱您。""一切全是由此而来！我当时就感觉到，"他想，"我当时就感觉到这不对头，我没有权利说这话。果真如此。"他回想起他度过蜜月，他一想起就脸红。在他婚后不久的一天，中午十二点钟，他穿着绸睡衣，从卧室走进书房，在书房里碰到总管家，他恭恭敬敬地鞠躬，看看皮埃尔的脸，看看他的睡衣，露出了笑意，这段回忆他觉得格外生动、受辱、可耻。

"我曾多少次地为她而自豪，为她的仪态万方，为她的交际风度而自豪，"他想，"为自己的家而自豪，因为她在家中招待整个彼得堡的客人，为她那拒人于千里之外的神态和美丽而自豪。我为之而自豪的原本就是这些?！我当时就想，我不清楚她。我常常琢磨她的性格，我就对自己说，我有过错，因为我不了解她，不了解她那种经常的心安理得、自鸣得意、缺乏任何的爱好和愿望，原来全部的谜底就在于她是一个'荡妇'这个可怕的字眼。"他对自己说出这个可怕的字眼，于是一切都顺利解决了!

"阿纳托利经常找她借钱，吻她裸露的肩膀。她不给他钱，可是让他吻自己。父亲用玩笑话挑逗她的醋意；她心平气和地微笑着，说她不会那么傻，去吃醋：他爱怎么就怎么吧，这说的是我。有一次我问她，她是不是有怀孕的感觉。她轻蔑地笑起来，她说她不是笨蛋，希望生儿育女，她不会给我生孩子的。"

然后他回忆起，尽管她受的是上层贵族社会的教养，但她的头脑粗鲁、简单、言语庸俗。"我不是大笨蛋……不信你试试……滚开。"她说。皮埃尔经常见到她在男女老少心目中获得的成功，他无法知道他为什么不爱她。"我从没有爱过她，"皮埃尔自言自语，"我知道她是一个荡妇，"他不停地自言自语，"可是我不敢承认这一点。"

"可是现在多洛霍夫呢，你瞧他坐在雪地上，勉强地微笑着，也许正在死去，却装出一副英勇的样子，作为对我的懊悔的答复! "

皮埃尔虽然外表上性格软弱，但他却是那种不找知己倾吐苦衷的人。他独自消受自己的痛苦。

"一切的一切都是她一个人的错，"他自言自语，"既然如此，那应当怎么样呢? 为什么我和她结合在一起呢? 为什么我对她说：'我爱你'而这明显是谎话，甚至比谎话还坏。"他对自己说。"我有错，自作自受……怎么? 名誉扫地吗? 生活不幸吗? 唉，全是扯淡。"他想，"丢脸也罢，光荣也罢，都是相对的，一切都以我为转移。"

"路易十六被处死，人们说他卑劣，有罪，"皮埃尔忽然想到，"从他们的观点看来是对的，而那些为他遭到惨死，视他为神圣的人们，也是对的。后来罗伯斯庇尔因为专制而被处死。谁是谁非？无所谓是非。活着，就活下去：或许明天就死掉，就像一小时前我可能死掉一样。生命比之永恒只是一刹那，犯得上自寻烦恼吗？"可是，正当他这么想，认为自己已经得到安静的时候，他突然想起了她，想起了他最强有力地向她表白言不由衷的爱情的那个时刻，于是他感到血液涌上心头，又不得不站起来，来回走动，摸到什么东西就想摔碎，撕破。"我为什么对她说：'我爱你'？"他反反复复地对自己说。

夜里他叫来仆人，吩咐他收拾行李，打算去彼得堡。他不能和她住在一起。他无法想象他现在怎么跟她说话。他决定明天就走，给她留一封信，向她声明他要永远和她分手。

早上，仆人把咖啡送到书房的时候，皮埃尔在沙发上躺着，手里拿着一本书，正在睡觉。

他醒了，惊慌地四顾，弄不清楚他是在什么地方。

"伯爵夫人叫我问大人是不是在家。"仆人问。

皮埃尔还没有想好如何，伯爵夫人亲自走进来了，她穿着白缎银边睡衣，随便绾起辫发，她神态平静而庄重，只不过在微凸的大理石般的额头上有几道愤怒的细纹。她强作镇静，在仆人面前不开口说话。她已经知道决斗的事，她就是来谈这个的。她在等着仆人放下咖啡后出去。皮埃尔怯生生地从眼镜上方看着她，正如一只被猎狗围攻的兔子，抿起耳朵，继续在敌人面前躺卧着，他也是这样，试着继续看书；可是他觉得这是没有意义的，而且是不可能的，他又胆怯地瞥了她一眼。她在等待仆人走出去，没有坐下，露出轻蔑的冷笑看着他。

"又怎么啦？干的什么好事？我问您？"她严厉地说。

"我？我怎么啦？"皮埃尔说。

"好一个英雄好汉！您说说，决斗是怎么回事？您这样干是要证明什么！证明什么？我问您。"皮埃尔在沙发上笨重地翻了翻身，张开嘴，但无法回答。

"如果您回答不出来，我来告诉您吧……"海伦继续说。"您相信人家对您说的一切。人家说……"海伦大笑起来，"说多洛霍夫是我的情夫，"她用法语说，以强调这个词的粗俗含意，"您就相信了！您这证明什么啊？您决斗证明了什么？证明您是个笨蛋，这是人所共知的！结果怎么样？结果是我成为全莫斯科的笑料；结果是人人全说您喝得糊里糊涂，昏头昏脑，对那个您无缘无故地吃他醋的人要求决斗。"海伦越说声音越高，越说越来劲……

"嗯……嗯……"皮埃尔皱着眉头，眼睛也不看她，一动不动，嘴里嘟囔着。

"您为什么能相信他是我的情夫？……为什么？是因为我爱跟他来往吗？倘若您聪明一点，令人兴奋一点，我倒愿意和您在一起。"

"不要和我说话……我求您。"皮埃尔低声说。

"为什么我不能说！我能说并且大胆地说，有了您这样丈夫的妻子，极少有不找情夫的事。"她说。皮埃尔想说话，看了看她，眼睛闪出她无法理解的奇异的光芒，他还是躺着。这时他感到肉体上的痛苦:胸口发闷，呼吸困难。他知道应该做点什么使这种痛苦停止，可他想做的事情太可怕了。

"咱们最好分开。"他时断时续地说。

"分开，那就请吧，不过您要给我一份财产，"海伦说……"分开，拿这个来吓唬我！"

皮埃尔从沙发上跳起来，踉踉跄跄地向她冲过去。

"我杀死你！"他喊道，从桌上抄起一块大理石板，用连他自己都想不到的力量，迈出一箭步，向她抡将起来。

海伦吓得变了脸。她尖叫一声从他身边躲开了。父亲的性格在他身上表现出来。皮埃尔感到狂暴的乐趣和魅力。他把石板扔出去，摔得粉碎，张开两只臂膀向海伦走过去，大喝一声："给我滚！"

一星期后，皮埃尔把占他家产大半的全部大俄罗斯田产的管理权全交给了妻子，孤身一人到彼得堡去了。

……

四

……

1810年新年前夕，一位叶卡捷琳娜时代的大臣家里举行舞会。外交使团和皇帝全要参加这次舞会。

在英吉利滨海街上，那位大臣的有名府第内灯火通明。灯火辉煌的大门前，警卫森严，站在门前台阶上守卫的，不但有宪兵，还有警察厅长和几十名警察。车水马龙，川流不息，马车上的仆人身穿红制服，头戴羽饰帽子。从马车里走出身穿制服、佩戴勋章和绶带的男人；身穿绸缎裙衫和灰鼠皮大衣的妇女，小心地踏着踏板，走下马车，然后从入口的红毡上匆匆地走进去。

差不多每到一辆马车，在人群中就有一阵低语声，人们都摘下帽子。

"是皇上吗? ……不是，是一位大臣……亲王……大使……你没看见那羽毛吗? ……"人群中有人说。

前来赴舞会的，三分之一的人已经到了，但是罗斯托夫一家，还正忙着装束打扮呢。

罗斯托夫家为了这次舞会曾有许多议论和准备，也曾有许多忧虑，担心得不到邀请，衣服不齐全。

陪同罗斯托夫一家赴舞会的是玛丽亚·伊格纳季耶夫娜·佩龙斯卡娅，她是伯爵夫人的朋友和亲戚，人长得又黄又瘦，是前朝的宫中女官，现在罗斯托夫一家在彼得堡上层社交界的活动，就是由她来指导。

罗斯托夫家的人应该在十点钟到道利达花园去找那位女官，但是九点五十五分了，小姐们仍没有穿好衣裳。

这是娜塔莎第一次参加大型舞会。早上八点她就起床，整天都处在狂热的忙乱中。从一大早起，她所有的精力都用在一件事情上，那就是要使她们每个人：她自己、妈妈、索尼娅——都打扮得再漂亮不过。索尼娅和伯爵夫人十分信赖她。

主要的事都已经做完了：脚、手、脖子、耳朵，都已经按照舞会的要求格外仔细地洗过，喷过香水，搽过香粉；都已穿上透花丝袜和带蝴蝶结的白缎鞋，头发也快梳好了。索尼娅穿好了衣服，伯爵夫人也穿好了；但是为大家忙活的娜塔莎却落了后。她还在镜子前面坐着，瘦削的肩头上披着化妆罩衫。已经穿好衣服的索尼娅站在屋子中间，把大头针用力地别进最后一条绸带上，把她那纤细的手指按得生疼。

"不对，不对，索尼娅！"正在梳头的娜塔莎双手握着女仆来不及放手的头发，转过身来说，"不是那样打花结，你过来。"索尼娅蹲下身来。娜塔莎换个式样别好了花结。

"不是那样的，小姐，那样不行。"握着娜塔莎的头发的女仆说。

"哎呀，我的上帝，等一会再说！就是这样，行啦，索尼娅。"

"你们好了吗？"传来伯爵夫人的声音。"快十点了。"

"立刻就好，立刻就好。您好了吗，妈妈？"

"就剩下钉帽子了。"

"您别钉，等我来，"娜塔莎喊道，"您不会！"

"已经十点了！"

十点半就应该到舞场，但是娜塔莎还得穿衣裳，还得到道利达花园。

娜塔莎梳好头，穿着下面露出舞鞋的短衬裙，母亲的短晨衣，跑到索尼娅跟前，把她观赏了一番，然后又跑到母亲跟前。她把母亲的头转来转去，把帽子钉好，利落地吻了吻她的白发，又跑回给她缝裙子的女仆们那里。

娜塔莎的裙子，耽搁了时间，因为裙子太长了；两个女仆正在缝裙子下摆，急促地把线头咬断。第三个女仆嘴里含着大头针，在伯爵夫人和索尼娅之间跑来跑去；第四个女仆高高举着薄纱白裙衫。

"玛夫鲁莎，赶快点，亲爱的！"

"总该好了吧？"伯爵夫人走进来说，"给你们香水。佩龙斯卡娅说不定已经等急了。

"缝好了，小姐。"那个女仆说。

娜塔莎开始穿衣服了。

"等等，等等，爸爸，别进来！"她对推开门的爸爸喊道，整个脸都盖在轻烟似的白纱裙后面。索尼娅关上门。一分钟后，伯爵进来了。他身着蓝色燕尾服，长袜浅鞋，喷了香水，擦了头油。

"嗬，爸爸，你真潇洒，美极了！"娜塔莎说，她正站在屋子中间整理薄纱的褶儿。

"等一下，小姐，立刻就好。"女仆说，她跪在那里正把裙衫弄直，一边把叼在嘴里的大头针从一边嘴角移到另一边嘴角。

"随你的便吧，"索尼娅看了看娜塔莎的裙衫，带着失望的口气说，"你爱怎么就怎么吧，还是太长！"

娜塔莎向后退几步，照照壁镜。裙衫是长了。

"真的，小姐，一点也不长。"玛夫鲁莎说。

"对，是长了，可以再缝高一点，一会儿就缝好了。"果断的杜尼亚莎说，她取下别在胸前短褂上的针，又跪下去工作起来。

这时，伯爵夫人身穿天鹅绒裙衫，头戴圆筒帽，羞羞怯怯地，脚步轻盈地走了进来。

"我的美人儿呀！"伯爵叫道。"她比你们谁都漂亮！……"他想拥抱她，可是她红着脸闪开了，怕弄皱了衣裳。

"妈妈，把帽子再戴歪一点，"娜塔莎说，"我来给您戴。"她说着就向前猛跑，正在缝下摆的女仆没来得及跟着她跑，把薄纱扯掉一小块。

"我的上帝！这是怎么搞的？实在说，不是我的错……"

"没事儿，我来缝上去，看不出来。"杜尼亚莎说。

"美人儿，我的美丽的公主！"乳母走进来，站在门口说。"我的小太阳，嗬，一群美人儿！……"

在十点一刻，全家终于坐上马车出发了。可是还得先到道利达花园去一趟。

佩龙斯卡娅早就准备好了，并且也是特意打扮了一番。佩龙斯卡娅对罗斯托夫一家人的打扮夸奖一番。

罗斯托夫一家人也同样对她的审美眼光和装束称赞一番。十一点钟各自坐上马车出发了。

这天，娜塔莎从一大早起来就忙个不停，连想象一下将要到来的情景都没工夫。

在这又湿又冷的空气中，在颠簸着的马车里她才有时间生动地想象在那舞会上，在灯火辉煌的大厅里，等待她的是什么：音乐、鲜花、跳舞、皇帝，整个彼得堡最出色的青年。等待她的那情景是如此美好，以致于不敢相信会有这样的事：因为这和马车里的寒冷、拥挤以及幽暗的感觉极不相称。只是当她从入口的红毡地毯上走进前厅，脱掉皮衣，同索尼娅并肩走在母亲前面，登上两旁鲜花锦簇、灯光明亮的楼梯时，这才明白等待着她的一切。只有这时她才想起她在舞会中应有的态度，她努力摆出她认为一位小姐在舞会上必须有的端庄凝重的风度。但是，这时她感到眼花缭乱：她的眼睛模糊了，血液突突地鼓荡着她的心脏。她没能做出那种会使她显得可笑的样子，她一面走，一面激动得屏住呼吸，尽力压住自己的激动。其实这种姿态对她最合适。

前前后后走进来的客人都在低声细语地交谈。楼梯两旁的镜子，照出穿着白的、蓝的、粉红的裙衫，在裸露的手臂和脖颈上戴着钻石和珍珠的太太小姐们。

娜塔莎望了望镜子，她辨不清镜子里的自己和别人。所有的人形成一个绚丽多彩的行列。一走进头座大厅的门口，说话声、脚步声、寒暄声，震聋了娜塔莎的耳朵；辉煌的灯火和衣饰的闪光，更加使她头晕目眩。男主人和女主人在大厅的门口已经站了半小时了，他们不停地说着同一句话："欢迎光临。"

两个姑娘都穿白裙衫，在乌黑的头发上都戴同样的玫瑰花，都行着同样的屈膝礼，可是女主人情不自禁把目光在纤巧的娜塔莎身上多停留了一会儿。她看着她，除了送她一个女主人的微笑，另外又送了一个特别的微笑。女主人望着她，也许她回想起了自己一去不复返的少女时代和第一次参加舞会。男主人也目送娜塔莎，问伯爵哪个是他的女儿？

"真可爱！"他吻了吻指尖，说。

大厅里的客人都挤在门口等候皇帝。伯爵夫人也站在人群中。娜塔莎听见并感觉到，有几个声音在打听她，有些人在看她。她明白那些留意她的人，都是对她感兴趣的，这使她多少安下心来。

"有些人和我们一样，也有些不如我们的。"她心中想道。

佩龙斯卡娅告诉伯爵夫人舞会中一些最重要人物的姓名。

"那位是荷兰大使，看见了吗？就是那个花白头发的。"佩龙斯卡娅指着一个满头灰白鬓发的小老头，说。那个小老头把围着他的一群太太小姐们逗得哈哈大笑。

"瞧，她来了，彼得堡的皇后，别竺霍夫伯爵夫人。"她指着刚走进来的海伦，说。

"真漂亮！简直不亚于玛丽亚·安东诺夫娜；您瞧，那些年轻的和年老的都缠着她不放。又漂亮又聪明……据说，亲王……为她发了疯。您瞧这母女二人，虽然不漂亮，但是，追的人更多。"

她指着正走过大厅的一位太太和她的长得不好看的女儿。

"这是一个有百万陪嫁的待嫁闺中的姑娘，"佩龙斯卡娅说，"您瞧那些想当未婚夫的人。"

"这是别竺霍夫的哥哥，阿纳托利·库拉金。"她指着一个美男子——骑卫军的军官，说。这个青年军官从她们面前走过，昂首阔步，眼睛望着别处。"十分漂亮！您说是吧？据说，要给他娶这个有钱的小姐呢，还有您的那位表亲，德鲁别茨科伊，也死追着她。听说有几百万的陪嫁呢。还有，那就是法国公使。"在伯爵夫人问到科兰库尔是什么人时，她回答说。"您瞧，样子像皇帝似的。总之还是挺可爱的，法国人都很可爱。社交界没有人比他们更可爱的了。这就是她！我们的玛丽亚·安东诺夫娜仍旧是最美的！她穿戴真朴素。美极了！"

"您瞧这位戴眼镜的肥佬，是世界共济会的会员，"佩龙斯卡娅指着别竺霍夫说，"把他放在他太太跟前：活像一个小丑！"

皮埃尔一摇一摆地穿过人群，就像从闹市的人群中穿过似的，毫不在意，和蔼可亲地时而向左，时而向右不停地点头。他从人群中挤过去，似乎是在找什么人。

娜塔莎满怀喜悦地望着那张熟悉的面孔，她知道皮埃尔在人群中是在找她们，尤其是在找她。皮埃尔答应她来参加舞会，而且给她介绍舞伴。

但是，别竺霍夫并没有走到她们跟前，他在一个中等身材，穿白制服，英俊秀美的黑发男人身旁站住了，这个男人站在窗口正在和一位佩戴勋章和绶带的高个军人谈话；娜塔莎一下就认出了那个身材不高、穿白制服的年轻人：这是包尔康斯基，她觉得他年轻多了，快活多了，并且漂亮多了。

"又有一个熟人，包尔康斯基，妈妈，您瞧见吗？"娜塔莎指着安德烈公爵，说。"您可记得，他在奥特拉德诺耶咱们家住过一夜。"

"啊，你们认识他吗？"佩龙斯卡娅说。"我不喜欢这个人。是当今的大红人，骄傲得了不得！跟他父亲一样。投了斯佩兰斯基的缘，正在拟一个什么草案。您瞧他对小姐太太的态度！她跟他说话，可他竟然转过脸去不答理人家，"她指着他说，"如果他对我像对待那些太太小姐那样，我一定痛骂他一顿。"

人们突然动起来，大家都向前挤，又分开来，在两行人中间，在音乐的伴奏下，皇帝走了进来。他后面跟着男主人和女主人。皇帝走得很快，不停地向左右两边点头，好像想尽快度过这最初见面的时刻。皇帝进了客厅，人群向门口涌去；有几个人赶忙挤进去，又带着变了脸色的表情退回来。人群又从客厅门口让开了，皇帝和女主人说着话在门口出现了。一个年轻人抢步走过去，叫人让开。有几位女士全然忘了上流社会的礼节，不怕弄坏自己的装束，向前齐去。男士们开始走到太太小姐跟前去找舞伴，准备跳波兰舞。

人们闪开一条路，皇帝满脸笑容，挽着女主人的手，随便地从客厅走出来。他后面跟着男主人和玛丽亚·安东诺夫娜·纳雷什金娜，再后面是大使们、大臣们，以及将军们，佩龙斯卡娅不停地报出他们的姓名。大部分太太小姐们都有了舞伴，而且正在走出来，或者已经准备跳波兰舞了。娜塔莎感觉到，她同母亲和索尼娅被挤到了墙根，被撇在了一边。她站在那儿，垂着纤细的双手，她那刚刚有点隆起的胸脯有节奏地起伏着，屏着呼吸，闪亮的眼睛吃惊地望着前面，这是一副对享受最大的喜悦或承受最大的悲哀都有所准备的表情。不论是对皇帝，还是对佩龙斯卡娅所指出的那些重要的人物，她都不感兴趣，——她只想一件事："难道就没有一个人来邀请我？难道我就不能在这第一轮里跳舞了？难道这些男人们都没留心我？他们现在似乎都没看见我，即使看见了，但他们的神气仿佛在说:'啊！我要找的可不是她。不，这不可能！'"她想。"他们应该知道我是多么想跳舞，我跳得十分出色，同我跳舞会使他们十分愉快。"

波兰舞曲已经演奏了很长的时间，在娜塔莎耳畔响起了忧郁的曲调——好似在回忆。她想哭。佩龙斯卡娅已经从她们身边走开了。伯爵在大厅的另一头，只有伯爵夫人、索尼娅和她站在一起，在这些陌生的人群中，没有人关心她们。安德烈公爵同一位女士从她们面前走过，但没有认出她们。美男子阿纳托利微笑着同他的舞伴谈话，他向娜塔莎的脸瞥了一眼。鲍里斯两次从她们面前走过，每次都回避她们。不跳舞的贝格和他的妻子走到她们面前。

娜塔莎觉得在舞会上一家人聚在一起是丢人的。薇拉向她谈她的绿色裙衫，娜塔莎不听她的，也不看她。

皇帝终于在他最后一个舞伴身旁停下来，乐曲停了；操心过分的侍从武官向罗斯托夫一家人跑过来，请她们再让开一点，可是她们已经站到墙根了。这时乐队奏起令人神往、抑扬有致的华尔兹舞曲。一分钟过去了，仍没有人出场。司仪武官走到别祖霍娃面前，邀请她。她微笑着把手放在他的肩上，眼睛并不看他。娜塔莎望着他们，为自己没能在这第一轮华尔兹出场，难过得直想哭。

安德烈公爵身穿白色上校制服（骑兵式的），脚上穿的是长统袜和浅口鞋，他精神勃发，兴致勃勃，站在离罗斯托夫一家人不远处。菲尔霍夫男爵同他谈论明天将要召开的第一次国务会议。安德烈公爵是斯佩兰斯基的心腹，正在参加立法委员会的工作，当然对明天的会议能够提供确凿的消息。可是，他没有听菲尔霍夫对他说的话，他一会儿看看皇帝，一会儿看看那些准备跳舞而没有勇气出场的男人们。

皮埃尔走过来抓起安德烈公爵的手。

"您常常跳舞。这儿有一位我的保护人——罗斯托娃小姐，您邀请她吧。"他说。

"在哪儿？"包尔康斯基问道。"对不住！"他对男爵说，"这个话题以后咱们再好好谈，在舞会上就应该跳舞。"他照着皮埃尔指出的方向走过去。娜塔莎那副绝望的、屏息不动的面孔一下子就映入了安德烈公爵的眼帘。他认出了她，猜到了她的心情，知道她是刚上阵的新手，他想起那个月夜她在窗台上的谈话，于是怀着兴致勃勃的表情走到罗斯托娃伯爵小姐面前。

"请您认识一下我的女儿吧。"伯爵夫人红着脸，说。

"我很荣幸，已经认识了，倘若她还记得我的话。"跟佩龙斯卡娅说他粗鲁相反，安德烈公爵走到娜塔莎面前彬彬有礼地深深地鞠躬，他还没有说完邀请她跳舞的话，就抬起手来揽起她的腰。他请她跳华尔兹舞。娜塔莎脸上突然容光焕发，露出幸福、感激、孩子气的微笑。

"我早就在等着你了。"这个又惊又喜的小姑娘在举起手搭在安德烈公爵肩上时，用她那就要流泪的微笑，仿佛这么说。他们是第二对出场的。安德烈公爵是最优秀的舞蹈家。娜塔莎的舞技也决非一般的。她那双穿着缎子舞鞋的小脚，轻快地旋转着，脸上焕发着幸福狂喜的光彩。她那裸露的脖颈和手臂瘦削，并不漂亮。比起海伦的肩膀，她的肩膀太瘦了，胸部还不够丰满，手臂纤细；但海伦的身体由于被千百双眼睛玩赏过，仿佛涂了一层油漆，而娜塔莎还是初次袒胸露臂的少女，要不是她认为非这样不可的话，她会感到十分害羞的。

安德烈公爵本来就喜欢跳舞，再加上人们老跟他谈政治，说些俏皮话，他想尽快摆脱这些谈话，还想快些打破由于皇帝在场而形成的令他不快活的气氛，于是就跳舞了，并且选定了娜塔莎，因为她是皮埃尔推荐的，还因为她是他发现的第一个好看的姑娘；但是，他刚一搂起她那纤细灵活的腰肢，她那翩翩的舞姿就在他眼前，她那微笑就在他眼前，她那杯富于魅力的美酒，一下子冲上他的头脑：在跳完了一轮，离开她，站在那里喘口气，看别人跳舞的时候，他觉得自己精神复苏了，变得年轻了。

……

五

……

老伯爵从来拥有大规模的狩猎设备，现在全交给儿子管理，这一天，9月15日，老头兴致很高，也要参加狩猎。

一小时后，全副猎队来到门廊台阶前面。尼古拉神色严厉并且郑重，表示此刻没有工夫管闲事，不理睬要和他说话的娜塔莎和彼佳，只顾从他们面前走过去。他查看了猎队的各个部分，派了一小队猎犬和猎手去打前站，他骑上那匹枣红顿河马，对他的那群猎犬打着呼哨，穿过打谷场，向通往奥特拉德诺耶禁伐区出发了。老伯爵骑的是一匹名叫维夫梁卡的栗色骟马，由伯爵的马夫牵着；他本人乘一辆轻便小马车赶往指定的地点。

猎犬总共 54 只，由 6 名猎犬手带领。不算主人，有 8 名狼犬手，驱赶着 40 只狼犬，连同主人的猎犬，大约出动了 130 只狗，20 名骑马的猎人，向田野进发。

每只狗都认得自己的主人，知道呼号。每个猎人都清楚自己份内的事、把守的地点和担负的任务。大队人马才走出菜园，就不再有一点喧哗声和谈话声，均匀地、静静地沿着通往奥特拉德诺耶森林的大路和田野散开。

马在田野上行走，就像在松软的地毯上行走一样，有时走过大路上的水洼，发出噗哧噗哧的声音。雾蒙蒙的天空，仍旧悄悄地、均匀地向地面下降；空气幽静并且温暖，没有一点声响。偶而响起猎人的呼哨声、马的响鼻声、扬鞭声，或者离队的猎犬的尖叫声。

走了一俄里的时候，从雾里又出现五个骑马的人带着猎犬，迎着罗斯托夫的猎队走来。为首的是一位胡须灰白、精神爽朗、仪表堂堂的老人。

"您好，大叔。"当老头来到跟前时，尼古拉说。

"没得说哇！……我就知道，"大叔说（这是住在邻村的罗斯托夫家一门穷的远亲），"我就知道，你在家待不住了，今天出猎是好日子。没得说哇！（这是大叔爱说的口头禅。）尽快占领禁伐区，我的吉尔奇克说，伊拉金家带着猎队正在科尔尼克扎队呢；好极了，走吧！他们会从你们眼皮底下把整窝的狼崽抢走的。"

"我们正是去那儿。怎么样，咱们合了吧？"尼古拉问道。"合起来……"

两家的猎犬合成一队，大叔和尼古拉并马而行。娜塔莎策马向他们驰来，头巾下露出高兴的面孔，一双眼睛闪闪发光，彼佳和猎手米哈伊尔，还有保姆派来跟随她的驯马师等人，全不离左右地陪伴着她。彼佳在笑，他在抽打他骑的马，不住地拽缰绳。娜塔莎矫健、自信地骑在黑色的阿拉伯马上，一只手熟练地、毫不费劲地把马勒住。

　　大叔不信任地回头看了看彼佳和娜塔莎。他讨厌把儿戏和打猎的正经事混在一起。

　　"大叔，您好，我们也去打猎。"彼佳喊道。

　　"您好，您好，当心别踩着狗。"大叔严厉地说。

　　"尼古连卡，特鲁尼拉这只狗真可爱! 它认得我。"娜塔莎在夸赞她那只心爱的猎犬。

　　"首先，特鲁尼拉完全不是狗，而是猎犬。"尼古拉想，而且严厉地向妹妹瞅了一眼，极力使她感觉到，此刻他们之间应保持一个距离。娜塔莎知道这一点。

　　"大叔，您别以为我们会妨碍什么人，"娜塔莎说，"我们会待在我们自己的地方，决不胡乱走动。"

　　"这就对啦，伯爵小姐，"大叔说，"当心，别跌下来，"他又补上一句，"没得说哇! 因为你没有什么可扶的东西。"

　　离开奥特拉德诺耶禁伐区的那片绿洲只有百十来俄丈远了，猎犬手们正向林中走去。罗斯托夫和大叔商定从哪里放猎犬，他们安排娜塔莎站在一个决不会有什么东西跑过的地点，随后就越过山谷前进了。

　　"喂，老侄子，你对付的是一只大狼，"大叔说，"当心，别让它溜掉。"

　　"看情况吧，"罗斯托夫答道，"卡拉伊，准备! "他呼唤了一声，作为对大叔嘱咐的回答。卡拉伊是一只丑陋的、皮毛蓬乱的老公狗，由于曾自己擒一只大狼而出名。大家各就各位，做好了准备。

　　老伯爵知道儿子在打猎时脾气暴躁，担心迟到，一路紧赶慢赶，在猎犬手还没到地方，伊利亚·安德烈伊奇就已经坐着两匹黑马驾的马车，高兴兴奋，面颊红润，腮帮震得直颤，驰过亮绿的田野，到达了留给他的守候点。他拽了拽皮袄，装备好猎具，跨上那匹跟他一样保养得膘肥毛滑、毛色斑白的维夫梁卡骏马。马车被打发回去了。伊利亚·安德烈伊奇伯爵虽然不是一个痴迷的猎手，可是，他对打猎规则却记得烂熟，他向灌木丛边沿驰去，就在那儿停住了，整理一下缰绳，在鞍子上坐好，觉得自己已经准备就绪，微微含笑向四外观望。

他身旁站着一个名叫谢苗·切克马尔的跟班，是一个老骑手，但动作已经不灵便了。切克马尔牵着三只像主人和马一样肥壮的凶猛猎犬。两只不拴锁链的聪明的老狗在一旁卧着。百步开外的空地上，站着伯爵的马夫米季卡，此人是一个玩命的骑手和狂热的猎手。伯爵照例在打猎前喝一银杯猎人露酒，吃点小菜，喝半瓶他所喜欢的波尔多红葡萄酒。

伊利亚·安德烈伊奇因为饮酒和行路，面色发红，眼睛蒙上了一层湿润，显得格外光亮，他裹紧了皮袄，坐在马鞍上，那样子有如准备出外游玩的儿童。

瘦得两肋下陷的切克马尔，把该做的事做完后，不停地打量跟他和睦相处30年的主人，他知道他现在的心情快乐，正在等待和他快乐地交谈。还有一个老头从树林里小心地骑着马（他显然受到教训）走来，在伯爵身后停住。此人胡须花白，身穿肥大的女长衣，头戴尖顶帽。这是名叫纳斯塔西娅·伊万诺夫娜的小丑。

"喂，纳斯塔西娅·伊万诺夫娜，"伯爵对他挤挤眼，悄悄地说，"你倘若把野兽吓走了，丹尼洛可饶不了你。"

"我……并不比别人差。"纳斯塔西娅·伊万诺夫娜说。

"嘘——嘘！"伯爵发出叫人平静的声音，然后向谢苗转过身去。

"你看见娜塔莉娅·伊利尼奇娜吗？"他问谢苗。"她在哪儿？"

"她和彼得·伊利奇留在扎罗夫草地附近，"谢苗微笑着说，"别看是女流，打起猎来可了不得。"

"你看她骑马，谢苗，才叫人惊奇呢……是吧？"伯爵说，"简直比得过男人！"

"怎么不叫人惊奇？她真大胆，又十分灵活！"

"尼古拉沙（尼古拉的爱称）在哪儿？在利亚多大斯克高地吧？"伯爵低

声问。

"是啊，您老。他知道在哪儿把守。他骑马的技术可高超啦，我跟丹尼洛经常大吃一惊。"谢苗说，他知道如何才能讨得主人的欢心。

"骑术很好，是吧？他骑马的姿势怎么样？"

"简直跟画的一样！几天前他从扎瓦尔津斯克草地赶出一只狐狸。他越过一个障碍又一个障碍，紧追猛赶——那马价值千金，而骑手更是无价之宝！这样棒的小伙子哪儿找去！"

"哪儿找去……"伯爵重复说，他因为谢苗很快把话说完而觉得遗憾。"哪儿找去。"他一边说，一边掀起皮袄的底襟，把鼻烟壶拿出来。

"前些日子他从教堂出来，全身佩戴勋章，于是米哈伊尔·西多雷奇……"谢苗没把话说完就听见寂静的空中清晰地传来两三只猎犬追逐野兽的吠声，还有别的猎犬的呼应声。他侧耳细听，向伯爵示意。"找到狼窝啦……"他低声说，"一直往利亚多夫斯克高地追去了。"

伯爵凝视着前面的狭长林带，手里握着鼻烟壶，也没有闻。紧跟着狗吠声之后，丹尼洛吹响了追狼的低沉号角；另外一群猎犬也加入了，可以听见猎犬响亮的吼叫夹杂着追狼的特别的吠声。猎手们已经不是"嗖嗖"地撺掇，而是喊"乌溜——溜"，丹尼洛时而低沉、时而尖厉的呼号最惹人注意。他的声音似乎充满了整个森林，并且冲出森林以外，在远处的田野上回响。

伯爵静静地听了片刻。他的马夫肯定地说，猎犬已经分成两队：较大的、吼声十分起劲的一队，渐渐离得远了，另外一队沿着伯爵前面的森林奔跑，可以听见丹尼洛在这一队里发出"乌溜——溜"的声音。这两队合而又分，可是两队都跑远了。谢苗松了口气，弯下身来整理一下被小公狗弄乱的皮带；伯爵也松了口气，瞅见手中的鼻烟壶，打开来捏了一撮鼻烟。

"回来！"谢苗对跑出林外的小狗喊道。伯爵打了一个哆嗦，把鼻烟壶掉在了地上。纳斯塔西娅·伊万诺夫娜下马去捡鼻烟壶。

伯爵和谢苗望着他。突然，正如常有的情形，追逐的声音一刹那间临近了，那狂吠的狗嘴和丹尼洛的喊声，似乎立刻就要在眼前出现。

伯爵向四处张望，看见米季卡在他右边，他瞪着两眼盯着伯爵，举起帽子，向他指着另一侧的前方。

"当心！"他大叫一声，听得出他早就憋着要喊出来。他放开猎犬，策马向伯爵这边驰来。

伯爵和谢苗骑马驰出树林，看见左边有一只狼，一摇一摆地轻快地向左边他们原先站过的林边跳去。愤怒的狗大叫起来，挣脱了皮带，擦过马蹄向狼追去。

狼停了一下，笨拙地向猎犬转过它那宽额的脑袋，随后仍旧摇摆着身子，摇摇尾巴，猛地一跳，再跳，就窜进森林边缘不见了。就在这时，只听得一阵像哭似的嗥叫，从对面林边惊惶地跳出一只、两只、三只猎犬，这群猎犬沿着狼跑过的田野飞奔。在猎犬之后，榛树丛莽分开了，丹尼洛那匹栗色的、由于出汗皮毛变黑了的马驰了出来。丹尼洛骑在马背上缩作一团，俯着身子，他没有戴帽子，满头乱蓬蓬的白发，通红的脸汗淋淋的。

"乌溜——溜——溜，乌溜——溜！……"他喊道。当他看见伯爵时，他的眼睛突然一亮。

"嘿……！"他举起鞭子指着伯爵威吓道。

"把狼放走了！……好一个猎人！"他似乎不屑于和惊慌失措的伯爵多说废话，对伯爵憋着一肚子怒气，抽打着栗色骟马塌陷和汗湿的两肋，跟着猎犬驰去。伯爵似乎受罚的小学生，站在那儿四处张望，尽力堆起笑脸以博取谢苗对他处境的同情。可是，谢苗已经不在那儿了：他正绕着灌木林奔驰，不让狼跑进森林里去。猎犬手们也从两边堵截，可是，那狼穿过灌木林逃走了，没有一人截住它。

这时尼古拉·罗斯托夫正在他的位置上等待着野兽。根据猎犬追狼的吠声时远时近，根据他所熟悉的猎犬的音调，根据猎犬手们呼号声时远时近并且逐渐提高，他可以知道那座孤林中发生的一切。他知道，孤林里有小狼和老狼；他知道，猎犬已经分成两队，正在分头追捕，在什么地方出了差错。他每时每刻期待狼到他这边来。关于狼怎样和从哪个方向跑过来，他怎样捕捉它，他设想了千百个不同的情况。希望和失望不断地交替着。他好几次祈求上帝让狼跑到他这儿来；他如此热切和真挚地祈祷，正像人们为了一点小事而非常激动地祈祷一样。"你为我做这件好事吧，这在你很容易的！"他对上帝说，"我知道，你是伟大的，向你提出这个要求是罪过；可是我谢你啦，上帝，就让那只老狼闯到我这儿吧，就让卡拉伊扑过去，当着在那边守候的大叔的面，拼命地咬着它的喉咙不放。"在半小时内，罗斯托夫成千次地用焦急不定的目光望着林边（那里有一片白杨幼林，中间矗立着两棵稀奇古怪的大橡树），望着边缘被水冲塌的溪谷，望着右首灌木丛上方隐约露出的大叔的帽子。

"不，我不会有这么好的运气，"罗斯托夫想道，"那太可贵啦！不会有的！不管是打牌还是打仗，我一直倒霉。"奥斯特利茨和多洛霍夫在他的想象中鲜明地出现了，只是一闪而过。"但愿在我一生中能猎到一只老狼，我没有更多的奢望！"他想道，他集中听觉和视力，不停地向左望，又向右望，侧耳细听那猎犬吠声极细小的不同。他又向右仔细看一眼，他看见空旷的田野上一个什么东西朝他跑来。"不，这不可能！"罗斯托夫想，他深沉地喘息起来。最伟大的幸福实现了——并且是如此简单，不动声色，没有炫耀和庆祝。罗斯托夫不相信自己的眼睛，怀疑持续了一瞬。狼向前跑，笨重地跳过路上的车辙。这是一只老狼，背脊灰白，肥大的肚皮是粉红色。它放松地跑着，显然认为没有人看见它。罗斯托夫屏着呼吸环顾一下猎犬。那些狗或站或卧，既没看见狼，也不知道眼前的情况。老狗卡拉伊回过头，龇着黄牙在咬它的后腿，怒冲冲地捉虱子。

"乌溜——溜。"罗斯托夫低声喊道。那些狗抖响了链子，跳起身来，竖起耳朵。卡拉伊搔了搔后腿，也站起来竖起耳朵，轻轻地摇了摇尾巴。

"放，还是不放？"当狼从森林那边向他走来时，尼古拉自言自语地说。

狼突然改变了面部的表情；它打了一个寒噤，大概看见了它从未见过的、正向它看着的人的眼睛，它稍稍向尼古拉转过头来，就停住了——退回去呢，还是向前走？"咳！反正一样，前进！……"看样子它似乎这样对自己说，于是它不再犹豫，迈着从容坚定的跳跃步伐，前进了。

"乌溜——溜！……"尼古拉用好像不是自己的声音喊道，同时，他那匹骏马箭也似的奔下坡去截那只狼，一路跃过水洼，几只猎犬跑得飞快，超过了马。尼古拉听不见他的喊声，也觉不出他在飞驰，也看不见狗，看不见驰过的地面，他只紧紧盯着那只狼，那只狼加快了速度，仍旧顺着山谷一跃一跃地奔跑，第一个追上那只狼的是黑毛白花、臀部肥大的米尔卡，它渐渐接近那只野兽了。更近了，更近了……眼看就要追上了。可是，那只狼向它微微斜了斜眼，米尔卡不像平常那样更加一把劲儿，而是忽然跷起尾巴，两只前脚撑着地停住了。

"乌溜溜溜——溜！"尼古拉喊道。

红毛柳比姆从米尔卡后面窜出来，箭也似的向狼扑过去，咬住了它的后腿，可是，就在那一瞬间，它惊惶地跳到旁边去了。那狼一蹲身，龇了龇牙，又站起来向前跑去，一大群狗不即不离地跟着它跑。

"不好，跑掉啦！这不行。"尼古拉想，仍旧用沙哑的声音呐喊。

"卡拉伊！乌溜——溜！……"他喊道，一面用眼睛找那只老公狗——他唯一的希望。卡拉伊使出全身气力，尽可能伸长身子，眼睛盯着那狼，挺费力地奔到狼身旁，想截住它。但是狼跳跃得快，狗慢，卡拉伊显然失算了。尼古拉看见前面的森林已经不远，狼跑到那儿就会逃掉。这时前面出现几只狗，差不多是迎面驰来一个猎人。还有希望。一只尼古拉不认得的、来自别队的、长身量、皮色黑褐的小公狗，从前面向狼猛冲过来，差点把它撞倒。可是，狼出人意料地迅速跳将起来，向黑褐色猎犬扑过去，狠狠咬了一口——那只小公狗尖叫一声，头冲地倒了下去，肋上血流不止。

"卡拉尤什卡（卡拉伊的爱称）！我的爷！"尼古拉带着哭声喊道。

多亏这次拦截耽搁了一下，那只腿上的毛纠成团的老公狗已经离狼五步远了。狼似乎察觉出了危险，斜眼看了看卡拉伊，把尾巴夹得更紧，大步逃走了。正在这时，尼古拉只见卡拉伊行动了，——它眨眼工夫已经扑在狼身上，和它一起滚进它们身旁的沟里。

尼古拉看见几只狗和狼厮打成一团，狼在狗下面露出灰白色的皮毛，后腿伸得直直的，抿着耳朵，受惊并且急促地喘息着（卡拉伊钳住了它的喉咙），就是这一瞬间——尼古拉看见这个情景的刹那，是尼古拉一生中最幸福的时刻。他已经抓住鞍桥打算下马刺那只狼了，这时狼忽然从一群狗中间抬起头来，两只前腿搭着沟沿。狼咬了咬牙（卡拉伊已经松开了它），后腿一蹬，跳出了沟，夹紧尾巴，又摆脱了狗群，向前逃去了。卡拉伊大约是摔伤或者是被咬伤，它竖起毛来，挺费力地从沟里爬出来。

"我的老天！这是怎么啦！……"尼古拉大失所望，喊道。

大叔的一个猎手在狼的前头斜刺里驰来，他的几只狗又拦住了狼。又把它围了起来。

尼古拉、他的马夫、大叔和他的猎手，围着狼打转，"乌溜——溜"地叫，每当狼向后一蹲，他们就想下马；每当狼打起精神，又向可以救它命的伐林区跑去，他们就策马赶上去。

早在追捕开始的时候，丹尼洛一听见"乌溜——溜"的喊声，就驰出了树林。他看见卡拉伊捉住了狼，就勒住马，以为战斗结束了。但是，当猎手们都没下马，狼抖擞一下又逃走了的时候，丹尼洛催动了他的枣红马，不是朝着狼，而是径直向伐林区驰去，正如卡拉伊那样，切断狼的去路。多亏这么迂回，正好大叔的狗第二次拦住狼的时候，他赶到了狼跟前。

丹尼洛不声不响地骑着马，左手握着出鞘的匕首，拼命用他那短鞭子拍打枣红马收得紧紧的两肋。

一直到枣红马呼呼地喘着气从尼古拉面前驰过的时候，尼古拉才看见和听见丹尼洛，他听见身体倒下去的声音，看见丹尼洛在一群狗中间趴在狼背上，拼命地揪狼的耳朵。不论是狗，是猎人，还是狼自己，都已经明白了，现在一切都完了。狼吓得竖着耳朵，尽力想站起来，可是狗紧紧围着它。丹尼洛欠起身来往上一纵，就像躺下休息似的，整个人的重量都压在狼身上，一面紧紧抓住它的耳朵。尼古拉想过去刺它，可是，丹尼洛低声说："用不着，我们捆住它的嘴。"于是，他换了个姿势，一只脚踩着狼的脖子，用一根棍子横插在狼嘴里，绑上，就像给它戴上皮嚼子，然后绑上它的腿，丹尼洛把狼来回滚了两滚。

人们带着喜悦和疲乏的神情，把那只活捉的老狼放到往后躲闪、喷着鼻子的马背上，还有对它直叫的狗，把它驮到了预定的集合的地点。猎犬捉住了两只小狼，狼狗捉住了三只小狼。猎手们带着他们的猎物和故事聚集在一起，大家全来看那只大狼，它耷拉着头，嘴里衔着棍子，睁着一对玻璃球似的大眼睛看周围的狗和人。当人们碰它时，它就蹬几下被绑的腿，野性而单纯地看大家。

伊利亚·安德烈伊奇伯爵也骑马来到跟前碰碰那只狼。

"嗬，好大一只狼，"他说，"真肥大，是吧？"他向站在身旁的丹尼洛问道。

"是只大肥狼，大人。"丹尼洛赶忙脱帽回答。

伯爵想起了他放走了那只狼和为此跟丹尼洛的冲突。

"但是，老弟，你发火了。"伯爵说。丹尼洛什么也没说，只是不好意思地微微一笑，那是孩子般温顺而兴奋的微笑。

老伯爵回家了。娜塔莎和彼佳答应立刻就回去。因为天色还早，打猎继续进行。中午时分，猎犬被撒到幼林丛生的山谷里。尼古拉站在一片禾茬地里，从这儿可以望见他的全队猎手。

尼古拉对面是一片麦田，那儿有一个他的猎手一个人在榛树丛莽后面的洼地上站着。猎犬刚撒出去，尼古拉就听见他所熟悉的名叫沃尔托恩的猎犬断断续续的嗥叫；别的狗跟着它叫，追逐声时起时落。一会过后，从孤林里发出追狐狸的呼号，整队猎犬合在一起，离开尼古拉，沿着山谷的一个分叉向麦田追去。

他看见几个戴红帽子的猎犬手沿着草木茂密的山谷边沿奔跑，甚至还看见狗，他急切地期待狐狸从那边麦田出现。

那个在洼地站着的猎人开始行动了，他把猎犬撒出去，尼古拉看见一只毛红体小、样子奇特的狐狸拖着毛茸茸的尾巴在麦田里拼命奔跑。猎犬逐渐接近它。已经追上了，那只狐狸在一群猎犬中间来回打转，越转越快，不停地摇着蓬松的尾巴；一只不知谁的白狗蹿上去，接着又有一只黑狗跟上去，于是乱成一团，几只猎犬尾巴朝外围成一个星形，身子差不多一动不动。两个猎人向猎犬驰去：一个头戴红帽，另一个身穿绿色的长外衣，是个陌生人。

"这是怎么回事啊？"尼古拉想，"从哪儿跑来这么个猎人？这不是大叔的人。"

猎手们夺过那只狐狸，但是，没有把它收起来，都站在那儿不动，那些马拖着缰绳和高高的鞍桥在人们周围站着，狗卧在地上。猎手们挥动着手臂，不知他们要如何处理那只狐狸。那儿吹响了号角——发出斗殴的信号。

"这是伊拉金的猎手和咱们的人干起来了。"尼古拉的马夫说。

尼古拉派马夫去把妹妹和彼佳叫来，他缓缓驰到猎手集合猎犬的地点。有几个猎手向出事地点奔去。

尼古拉下了马，与刚来到的娜塔莎和彼佳一块停在一群猎犬旁边，等候事情的消息。从林边向少主人这儿驰来一个参加打架的猎手，他的马鞍后面挂着一只狐狸。他老远就脱掉帽子，尽可能恭敬地说话；但是，他脸色苍白，上气不接下气，一副气极败坏的样子，他一只眼给打青了，可是他很可能不知道呢。

"你们那儿怎么了？"尼古拉问。

"真不讲理，从我们的狗嘴里抢狐狸！是我的灰狗逮住的。总得讲理嘛！他想抢狐狸！我举起狐狸给他一下子。这就是，在鞍子上挂着呢。你想尝尝这个吗？"那个猎手指着匕首说，大概他以为他还在同敌人说话呢。

尼古拉没有和那人说什么，他叫妹妹和彼佳等着他，他驱马向敌对的伊拉金猎队驰去了。

那个胜利归来的猎手回到同伴那里，被几个表示同情的人围着问长问短，他把他的功绩讲述了一番。

事情是这样的，同罗斯托夫的人发生争执的伊拉金，在按照一般认可应属于罗斯托夫家的地段打猎，而且似乎有意到罗斯托夫的人正在那儿打猎的树林，叫他的猎手抢人家的猎狗捕获的猎物。

尼古拉从来未见过伊拉金，但是，他在看问题和感情上从来不守中庸之道，因为风传这位地主残暴并且专横，所以对他满心的愤恨，认为他是最凶恶的敌人。他现在去找他，怒不可遏，并且非常激动，手里紧紧握着马鞭，充分准备采取最坚决、最严厉的手段对付敌人。

他刚转过树林突出的地段，就看见一个头戴水獭皮帽，骑一匹乌黑骏马的肥胖绅士迎面走来，后面跟着两个马夫。

尼古拉发现伊拉金不但不是敌人，并且是一个仪表堂堂、彬彬有礼的贵族，他十分想跟年轻的伯爵结交。伊拉金驰到罗斯托夫跟前，举了举水獭皮帽，说他对刚才的事件很觉遗憾；他要惩罚那个胆敢从别人的猎狗嘴里抢夺猎物的猎手，他希望跟伯爵相识，而且邀请他到围场去打猎。

娜塔莎害怕哥哥做出什么可怕的事情，她怀着不安的心情在附近跟着他。她看见两个敌人友好地互相问候，就驰到他们跟前。伊拉金对着娜塔莎高高地举起他的水獭皮帽，兴奋地微笑着说，伯爵小姐不论是对打猎的热情，还是令他久仰的美貌，都很像天仙。

伊拉金为补救他的猎手的罪过，坚持请罗斯托夫到一俄里外他自己留用的山坡去打猎，据他说，那儿的兔子到处跑。尼古拉同意了，于是，增加了一倍的猎队出发了。

到伊拉金那片山地要穿过田野。猎人们渐渐走成纵队。老爷们在一起走。大叔、罗斯托夫、伊拉金偷偷地打量别人的猎犬，努力做得不让别人看出这一点来，而且不安地在别人的猎犬中间寻找可以与自己的猎犬匹敌的对手。

伊拉金的狗群中有一只纯种、红斑点的小母狗，身子虽然细长，但筋肉似钢，嘴脸俊俏，一双黑眼睛突出，它的美使罗斯托夫大为惊异。他听说伊拉金的狗跑得快，他发现这只美丽的小母狗是他的米尔卡的敌手。

伊拉金谈起今年的收成，在正儿八经地谈话中间，尼古拉向他指了指红花母狗。

"您的这只母狗很好！"他用随随便便的口气说，"跑得快吗？"

"这只母狗吗？是的，是只好狗，能捉野兽。"伊拉金用不在意的腔调说他的红花叶尔扎，这只狗是他去年用三户农奴从邻人那儿换来的。"这么说来，伯爵，你们的收成也不怎么样？"他接着刚才的谈话。伊拉金认为应当答谢小伯爵。他瞧了瞧他的狗，于是选出米尔卡——它那宽阔的体格引起了他的注意。

"您那只黑花狗很好——漂亮！"他说。

"是的，还可以，跑得快。"尼古拉答道。他心里说："如果野地里跑出一只大灰兔，我就叫你知道这只狗的厉害！"他转身对马夫说，谁能发现一只兔子，我就赏他一个卢布。

"我不明白，"伊拉金接着说，"为什么有些人妒忌人家打野兽，妒忌人家的猎狗。我可以跟您谈谈我自己，伯爵，您知道，我爱骑马；就像咱们现在这样结伴而行……再好不过了（他又向娜塔莎举起水獭皮帽）；至于说打了多少野兽，是不是满载而归，这在我是无关紧要的！"

"我也同样。"

"我也不会因为捉到猎物的是别人的猎狗不是我的而气恼，我只为欣赏追逐野兽的情景，您说是不是，伯爵？然后我来判断……"

"阿兔——追呀！"这时停下来的猎犬手中有一位拉长声调喊道。他拉长声音喊："阿兔——追呀！"

"啊，他似乎发现了，"伊拉金毫不紧张地说，"怎么样，咱们去追吧，伯爵？"

"好的，得赶上去……怎么，一起去吧？"尼古拉回答，他瞟了一眼叶尔扎和大叔的红毛鲁加伊，这两个敌手还没有机会同他的狗较量过呢。"倘若它们把我的米尔卡打败了，那可怎么是好！"他一面和大叔及伊拉金并肩朝着兔子前进，一面想。

"兔子大吗？"伊拉金一面问，一面向那个发现兔子的猎手走去，内心有点激动地向周围张望，吹着口哨招呼叶尔扎……

"您怎么样，米哈伊尔·尼卡诺雷奇？"他转身问大叔。大叔在马背上紧皱着眉头。

"我就算啦！既然你们的——没得说哇！——一个庄子换一只狗，你们的狗都是价值千金。你们比一比，我来看看！"

"鲁加伊！哪，哪！鲁加尤什卡！"他又加了一句，不禁用爱称表示他的抚爱和对这只红毛公狗寄托的希望。娜塔莎看出同时也感觉到这两位老人和她的哥哥深藏在内心的激动，她自己也因之激动起来。

那个站在山坡上的猎手扬着鞭子，老爷们骑着马放松地向他走去；远在地平线上的猎狗向兔子转回来；猎手们（除了老爷们）也走远了。他们缓慢地、镇静地向前移动。

"兔子头朝哪边？"尼古拉向发现兔子的猎手赶了百十步，问道。没等猎手回答，那只灰兔就发觉大祸临头，再也待不住了，跳了起来。那群带系索的猎犬，吼叫着尾随兔子冲下坡去；不带系索的狼犬也从四面八方跟着猎犬去追兔子。那些离得较远的缓步行进的猎手们喊叫着："站住！"把狗集合起来，那些管狼犬的猎手喊叫着"阿兔！"把狗撒开，猎手们开始在田野里奔驰。沉着冷静的伊拉金、尼古拉、娜塔莎和大叔也跃马飞奔，连他们自己也不知往哪儿和怎样去，眼睛只顾盯着狗和兔子，生怕漏掉哪怕一瞬间追逐的情景。这只兔子肥壮善跑。它跳起来，可是并不立刻就跑，而是竖起耳朵，细听四面八方发出的喊声和马蹄声。它跃进十来步，并不快，等狗追来，感到了危险，于是选好方向，挺起耳朵，四爪翻飞地逃跑了。发现兔子的猎手的两只狗离得最近，首先看见兔子，追了上去；可是离兔子还很远，忽然从后面冲出伊拉金的红花叶尔扎，眼看只有一只狗的距离了，它对准兔子尾巴，以惊人的速度扑过去，它以为抓住了兔子，就地打了一个滚。兔子拱起背脊，跑得更快了。宽臀的黑花米尔卡从叶尔扎背后蹿到前面，很快赶上了兔子。

"米卢什卡，亲爱的！"尼古拉严厉地喊道。看来，米尔卡立刻就要突击，就要抓住兔子，但是它蹿上后扑了个空。灰兔躲到一旁蹲在那儿。美丽的叶尔扎又做出捕捉的架势，它在灰兔尾巴上方立起身来，似乎是在估计距离，这一回可别再搞错了，要抓住它的后腿。

"叶尔扎尼卡（叶尔扎的爱称）！好朋友！"传来伊拉金变了腔的想哭的声音。叶尔扎不懂他的祈求。就在它眼看要抓住灰兔的一瞬间，灰兔忽然一扭身，滚到麦田和禾茬地之间的界沟里去了。叶尔扎和米尔卡又像两匹驾辕的马，肩并肩地追赶兔子；兔子在界沟里跑起来比较轻松，狗无法很快地靠近它。

"鲁加伊！鲁加尤什卡！没得说哇！"这时传来一个新的喊声，于是，大叔的那只红毛驼背的公狗身子一伸一弓地跑了起来，赶上了头两只狗，超过了它们，以惊人的自我献身的精神扑到兔子身上，把它从界沟撞到麦田里，麦田泥泞没膝，它又一次狠命地加一把劲，只见它同兔子一块儿打了一个滚，背脊上沾了污泥。几只狗把兔子围了起来。不大一会儿，大家都站在了这群狗的周围。只有幸运的大叔一个人下了马，割掉兔腿。他抖了抖兔子，控一控血，他环顾四周，手足无措，惶恐不安，转动着眼珠，连他自己也不知和谁说话和说什么。"瞧，没得说哇……瞧，这只狗……瞧，它战胜了所有的狗，不管是价值千金的，还是价值一个卢布的——没得说哇！"他说，一边呼呼地喘气，一边愤愤地东张西望，好像在骂什么人，似乎人人都跟他作对，都欺负他，直到现在才伸了冤。"瞧，你们那价值千金的——没得说哇！"

"鲁加伊，给你兔腿！"他说，把割下来的带泥的兔腿扔给狗。"只有你配吃，没得说哇！"

"它累坏了，它一口气追赶了三次。"尼古拉说，他也不听其他人讲什么，也不在意别人是否听他讲。

"这样截算什么！"伊拉金的马夫说。

"一旦落空，随便哪只狗都能追上去捉住它。"这时伊拉金也说，他满脸通红，因为驰骋和激动，费力地喘息着。这时娜塔莎连气都不喘一下，就欢欣若狂地尖叫了一声，震响了人们的耳朵。她这声尖叫表达了其他的猎人当时的谈话中所表达的意思。并且，叫的声音是这么怪，倘若在别的时候，连她自己也一定为这一声野性的怪叫而觉得害羞，大家也会为之惊诧。大叔亲手用皮带捆好灰兔，快速利落地把它搭在马鞍后面，他这样做似乎是在责备所有的人，他那神情又似乎不希望同任何人说话，他骑上那匹浅栗色的马就走了。除他之外，大家都郁郁不乐，感到受了侮辱，都上马走了，过了老半天才恢复若无其事的气氛。他们对那只红毛鲁加伊还端详了很久，它滚了一身泥巴，拱着背脊，响着铁链子，带着胜利者镇静自若的神气，紧跟在大叔的马后面。

"哼，当事情不涉及追赶野兽的时候，我也和别的狗一样。但是一旦追赶野兽，那你就等着瞧吧！"尼古拉觉得那只狗的神气仿佛这样说。

又过了好一会儿，大叔驰近尼古拉和他谈话，尼古拉很得意：在发生了这一切之后，大叔又肯跟他说话了。

……

六

……

娜塔莎比较安静了，但是并不快活。她不但回避所有外界的欢乐：舞会、滑冰、音乐会、剧院；并且任何一次笑都是笑中含泪的。她不能唱歌。她刚一开始笑或者想独自一人唱歌时，就被眼泪哽住了：那是悔恨的泪，对那一去不复还的纯洁时光回忆的泪；恼恨的泪，恼恨她徒然毁掉了那本来可以过得幸福的青春生活。她尤其觉得，笑和歌唱对她的悲伤是一种亵渎。她根本无心调情逗乐，甚至不需要克制自己。她嘴里这样说，心里也这样想：这个时期任何男人，在她看来都和小丑娜斯塔西娅·伊万诺夫一样。内心的警卫严格禁止她有什么欢乐。并且她已经不再有往日的生活情趣，那无忧无虑、满怀希望的少女时代的生活情趣。最使她难受的是回忆往日的秋天，打猎，"大叔"，以及和尼古拉一起在奥特拉德诺耶度过的圣诞节。就是再过上一天那样的时光，她也肯付出任何代价！但是这一切都永远地结束了。预感没有欺骗她：自由自在和随时都准备享受各种欢乐的生活，已经一去不复返了。可是还要活下去。

　　她快乐地想到，她并不像她以前所想的那么好，而是比世界上其他人都坏，并且坏得多。可是这还不够。她知道这一点，她问自己："以后怎么办呢？"以后什么也看不到。生活里毫无欢乐，而生活在流逝。娜塔莎尽力不让任何人感到负担，不妨碍任何人，她自己什么也不需要。她避开家里所有的人，只有和弟弟彼佳在一块才感到轻松。比起和别人在一块，她更愿意和他在一起；和他面面相对，不时大笑起来。她差不多不出家门，在常到他家来的人中，她只欢喜皮埃尔一个人。没有哪一个比别竺霍夫伯爵待她更温存，更小心，同时又严肃的了。娜塔莎在不自觉之中感受这种温柔体贴，因此和他在一块得到了极大的愉快。然而，她甚至不感谢他的温存。在她看来，皮埃尔做什么好事都是不费力的。皮埃尔好像很自然地对每个人都好，他做好事并没有邀功的意思。娜塔莎有时看出皮埃尔在她面前局促不安，态度不自然，尤其是当他害怕在谈话中可能有什么会引起娜塔莎难堪的回忆的时候。她看出这一点，她以为这是由于他禀性善良和腼腆，照她的理解，他对所有的人，包括她在内，都一视同仁。自从在她极度激动的时候，他无意中说出，倘若他是自由的话，他要跪下向她求婚和求爱以后，皮埃尔再没有向娜塔莎表露过自己的感情；在娜塔莎看来，那些是安慰她的话，不过是像大人在安慰啼哭的小孩时随便说的话。不是因为皮埃尔是一个已婚的人，而是因为娜塔莎觉得她和皮埃尔之间隔着很强大的精神上的障碍，——她觉得她和库拉金之间就没有这种障碍，在她头脑里从没出现过这样的想法：在她和皮埃尔的关系中不可能从她这方面，更不可能从他那方发生爱情，不但如此，就连男女之间那种温柔多情、羞羞答答、富有诗意的友谊（她知道不少这样的例子），也不可能。

刚过圣彼得斋戒日，罗斯托夫家在奥特拉德诺耶的女邻居阿格拉菲娜·伊万诺夫娜·别洛娃来莫斯科朝拜这儿的圣徒们。她提议娜塔莎斋戒祈祷，娜塔莎马上兴奋地接受了这个主意。娜塔莎不顾医生禁止一大早外出的要求，执意要斋戒祈祷，并且不像斯托夫家里平常那样做的，只是在家里做三次祈祷就算完事，而是要像阿格拉菲娜·伊万诺夫娜那样，要整个星期每天都不错过晚祷、弥撒和晨祷。

伯爵夫人兴奋娜塔莎如此热心；在医药治疗无效之后，她心中暗自希望祈祷比药物更能治女儿的病，她虽然提心吊胆地瞒着医生，但她还是满足了娜塔莎的愿望，并把她托付给别洛娃。阿格拉菲娜·伊万诺夫娜夜里三点钟就来叫醒娜塔莎，但是十有八九发现她是醒着的。娜塔莎怕睡过了晨祷的时间。娜塔莎匆忙地洗过脸，谦逊地穿上最坏的衣裳，披上旧斗篷，走到被朝霞照得明亮的空荡无人的大街上。依照阿格拉菲娜·伊万诺夫娜的劝告，娜塔莎不在自己的教区做祈祷，而是到另外一个教堂，据虔诚的别洛娃说，那里面有一位过着极其严肃和高尚生活的神父。教堂里的人总是极少；娜塔莎和别洛娃在圣母像前停下来。每当她早上凝视着被烛光和晨光照亮的圣母暗黑的脸庞，听着那她紧跟着念和努力在理解的祷文的时候，在这伟大的不可知的事物面前，娜塔莎总有一种没有过的谦卑感觉，当她听懂了祷词的时候，她那带有个人色彩的感情就和她的祷词融合起来；当她不懂的时候，她更快乐地想到，想懂得一切的愿望是令人骄傲的，懂得一切是不可能的，只要相信和皈依上帝就行了，因为她觉得，此时此刻上帝支配着她的灵魂。她画十字，鞠躬，当她对自己卑鄙的行为感到恐惧，弄不明白时，只求上帝宽恕她，对她发慈悲。最能使她动心的是忏悔的祷告。大清早回家时，只碰见去上工的泥瓦匠，扫街的清道夫，回到家里，所有的人还在睡觉，这时她体验到一种前所未有的感情，她觉得有可能改正错误和有可能过一种纯洁、幸福的新生活。

连续一个星期她的这种感觉天天都在增加。幸福的一天终于到来，她穿着雪白的细纱衣裳领过圣餐归来，好久以来，她第一次感觉心平气和，不为她眼前的生活感到压抑。

这一天来给娜塔莎看病的医生，吩咐她继续服用他两个星期以前开的药粉。

"每天早晚一定要坚持吃药，"他说，显然，他对自己的成功非常满意，"不过，还是不能大意。伯爵夫人，您就放心吧。"医生一面利落地接过一枚金币，握在手心里，一面开玩笑地说，"她不久就会又跳又唱了。最后一剂药十分、十分有效。她大有起色了。"

伯爵夫人喜形于色地回到客厅。

……

七

……

库图佐夫垂着白发苍苍的头，放松沉重的身子，坐在铺着毯子的长凳上，也就是坐在皮埃尔早上看见的那个地方。他不发什么命令，只对别人的建议表示同意或者不同意。

他听取报告，在下级要求他指示的时候，就给他们指示；但是，在他听取报告的时候，好像并不关心报告者所说的是什么内容，使他感兴趣的是报告者脸上的表情和说话的语气中所含的东西。多年的战争经验使他知道，老年人的智慧使他懂得，领导数十万人作拼死战斗，决不是一个人自己能够胜任的，他还知道决定战斗命运的，不是总司令的命令，不是军队所占的地形，不是大炮和杀死人的数量，而是士气，他正是在注视这种力量。尽量运用他的权力指导这种力量。

库图佐夫整个面部的表情是注意力集中，镇静，紧张。

上午十一时，他得到消息说，被法军占领的凸面堡又夺回来了，但是巴格拉季翁公爵受了伤。库图佐夫惊叹一声，摇了摇头。

"快去彼得·伊万诺维奇公爵那儿，仔细探听一下，是怎么回事。"他对一个副官说，接着向站在他后面的符腾堡公爵转过身来。

"请殿下指挥第一军，好吗？"

公爵才离开不大一会儿，大约还没走到谢苗诺夫斯科耶村，他的副官就回来向勋座报告说，公爵请求增援军队。

库图佐夫皱了皱眉头，命令多赫图罗夫指挥第一军，请公爵回到他这儿来，他说，在这样关键的时刻，他离不开公爵。当传来缪拉（其实是波纳米将军）被俘的消息时，参谋人员全向他祝贺，库图佐夫微笑了。

"要等一等，诸位先生，"他说，"仗是打赢了，俘虏缪拉并不是什么了不得的事。但是，还是等一等再兴奋吧。"他虽然这样说，仍旧派一名副官把这个消息通告全军。

当谢尔比宁从左翼驰来报告法军占领凸角堡和谢苗诺夫斯科耶村的时候，库图佐夫从战场上传来的声音和谢尔比宁的脸色猜到，消息是坏的，他仿佛想活动活动腿脚，站了起来，挽起谢尔比宁的臂膀，把他带到一边。

"你去一趟，亲爱的，"他对叶尔莫洛夫说，"去看看有什么困难。"

库图佐夫在俄军阵地的中心——戈尔基。拿破仑对我方左翼的进攻被打退了数次。在中央，法军没有越过波罗底诺一步。乌瓦罗夫的骑兵从左翼赶跑了法国人。

下午两点多钟，法国人的进攻停止了。在所有从战场回来的人的脸上，在他身边的站着的人们的脸上，库图佐夫看到了十分紧张的表情。库图佐夫对出乎意外的成功感到满意。但是老头子的体力不行了。有好几次他的头低低地垂下，似乎要跌下去似的，他老在打瞌睡。人们给他摆上了饭。

将级副官沃尔佐根，就是那个从安德烈公爵那儿经过时说，战争必须移到广阔的地区的人，也就是巴格拉季翁非常憎恶的那个人，在吃饭的时候来到库图佐夫这儿。沃尔佐根是巴克莱派来汇报左翼战况的。谨慎小心的巴克莱·德·托利见到成群的伤兵逃跑，军队的后卫混乱，考虑了战局的所有情况，断定战斗失败了，派他的心腹来见总司令就是报告这个消息的。

库图佐夫正在费劲地吃烤鸡，他眯着微含笑意的眼睛，看了看沃尔佐根。

沃尔佐根随便迈着步子，嘴角噙着有点轻蔑的微笑，一只手差不多没碰着帽檐，走到库图佐夫面前。

沃尔佐根对待勋座，故意做出轻慢的态度，表示他这个受过高等教育的军人，让俄国人把一个没用的老头子当做偶像吧，而他明白他是和谁打交道。他凶狠地向摆在库图佐夫面前的碟子看了一眼，就开始依照巴克莱命令的和他自己看见和了解的向老先生汇报左翼的战况。

"我军阵地全部的据点都落入敌人手中，没法反击，因为没有军队；士兵纷纷逃跑，不能阻止他们。"他报告说。

库图佐夫不再咀嚼，他吃惊地望着他，仿佛不懂他在说什么。沃尔佐根看出他很激动，于是堆着笑脸说：

"我认为我无权向勋座隐瞒我所看见的……军队真的乱了……"

"您看见了吗? 您看见了吗……"库图佐夫皱着眉头喊道，他一下子站起来，向沃尔佐根紧走几步。"您怎么……您怎么敢! ……"他用颤抖的两手做出威吓的姿势，气喘吁吁地喊道。"您怎么敢，阁下，对我说这种话。您什么也不知道。代我告诉巴克莱将军，他的报告不确切，对于战斗的真实情况，我总司令比他知道得更分明。"

沃尔佐根想辩解，但是库图佐夫打断了他的话。

"左翼的敌人被打退了，右翼也打败了。倘若您没看清楚，阁下，就不要说您不知道的事。请您回去通知巴克莱，我明天肯定要向敌人进攻。"库图佐夫严厉地说。大家都不做声，只听见喘息的老将军沉重的呼吸。"敌人各处都打退了，为了这我要感谢上帝和我们勇敢的军队。战胜敌人，明天把他们赶出俄国神圣的领土。"库图佐夫画着十字说，忽然老泪横流，声音哽咽了。沃尔佐根耸耸肩，撇撇嘴，默不作声地走到一旁。

"啊，这不是他来了，我的英雄。"这时一个体格魁伟、仪表英俊的黑发将军登上土岗，库图佐夫看着他说。他是拉耶夫斯基，他全天都是在波罗底诺战场的主要据点度过的。

拉耶夫斯基报告我军坚守阵地，法国人不敢再进攻了。

库图佐夫听了他的报告，用法语说：

"如此说来，您不会认为我们需要撤退了！"

"正相反，勋座，我们应该坚持。在胜负未定的时候，坚持就是胜利。"拉耶夫斯基回答说。

"凯萨罗夫！"库图佐夫叫他的副官。"坐下写明天的命令。还有你，"他对另一个副官说，"到前线去宣布，明天我们要进攻。"

在库图佐夫同拉耶夫斯基谈话和口授命令的时候，沃尔佐根从巴克莱那儿回来了，他报告说，巴克莱·德·托利将军希望能拿到元帅发出的那份命令的明文。

库图佐夫不看沃尔佐根，叫人写那份命令，前总司令所以要书面命令，肯定是为了摆脱个人的责任。

有一种神秘的链条，使全军同心同德，并成为战争的主要神经，这就是被称为士气的东西，库图佐夫的话和他所下的第二天进攻的命令，就是顺着这条链子传遍全军每个角落的。

传到这条链子的最后一环的时候，已经不是原来的话和原来的命令了。在军队互相传说的故事，与库图佐夫说的话根本不同；但是他的话的含意却传到了各处，因为库图佐夫所说的话并不是出于狡猾的计谋，而是表达了总司令和每个俄国人心灵中的感情。

得知我们明天要进攻敌人，而且从最高指挥部证实了他们所希望的事，疲惫、动摇的人们感到了安慰和鼓舞。

……

八

……

这群俘虏被押着带到竖着一根柱子的菜园里。柱子后面有一个还带有新鲜泥土的大坑，在柱子和坑周围站着一大群人。这群人少数是俄国人，大多数是未站在队伍里的拿破仑的士兵。柱子两边站着几排法国兵。

犯人按照名单次序排好，然后被带到柱子跟前。两旁突然敲响了几只大鼓，皮埃尔感到他的魂儿似乎随着鼓声飞走了大半。他失去了思考和理解的能力。他只能看和听。他只有一个愿望——盼望那件必然要来的可怕的事快一点来。皮埃尔环顾他的同伴，仔细审视他们。

为首的两个是剃光了头的犯人，一个又高又瘦，另一个鼻子扁平。第三个是一个家奴，45岁左右，保养得十分好。第四个是一个农民，长得很清秀，留着一把浅褐色的大胡子，一对黑眼睛。第五个是一个工人，又瘦又黄，十八九岁，穿一身工作衫。

皮埃尔听到法国人在商量如何枪毙犯人——一次一个还是一次两个。"一次两个。"带队的军官冷酷又安静地说。士兵的行列调动了一下，显然他们都在忙活，忙着完成一件必须的，但是却是不快乐的、不可理解的事。

一个佩肩带的法国军官走到犯人行列的右边，用俄语和法语宣读判决书。

随后，两名法国兵走到犯人跟前，按照军官的指示带出来两个站在排头的犯人。这两个犯人走到柱子前面停下来，在法国人去取口袋的工夫，他们像被打伤了的野兽看走过来的猎人一样的，沉默地环顾四周。一个犯人不停地画十字，另一个在搔脊背，动了动嘴唇，仿佛在微笑一样。士兵手忙脚乱地蒙上他们的眼睛，用口袋套上他们的头，把他们捆在柱子上。

　　十二个持枪的步兵，迈着坚定的步子齐步走出队伍，在离柱子八步远的地方停了下来。皮埃尔转过脸去，不去看将要发生的事情。突然响起一阵噼噼啪啪和轰轰隆隆的声音，皮埃尔觉得比最可怕的雷还要响，皮埃尔环顾了一下。眼前是一团烟，那几个法国兵脸色苍白，两手颤抖着在坑旁边做什么。又有两个被带出去。

　　皮埃尔不想看，又转过身去；又响起一阵震耳欲聋的可怕的爆炸声，随着响声他看见了烟，血，法国兵苍白、惊慌的面孔，那些法国兵颤抖着双手互相碰撞着又在柱子旁做什么。皮埃尔沉重地喘息着，向周围看看，仿佛在问：这是怎么回事？和皮埃尔的眼神相遇的眼神都发出同样的疑问。

　　在所有俄国人的脸上，在法国士兵和军官脸上，没有一个例外，他都看到和他内心所感受的同样的惊慌、恐怖和斗争。

　　在皮埃尔身旁的第五个人被带出去，——只带他一个。皮埃尔还不知道他已经得救了，他和其余的人不过是被带来陪绑的。他越来越害怕，看着眼前发生的事，既不感到兴奋，也不感到宽慰。第五个是一个穿工作衫的工人。刚一碰着他，他就吓得向旁边一跳，抓住了皮埃尔。那个工人走不动了，被架着膀子拖着走，他喊叫着。一到柱子跟前，他突然不叫了。他似乎忽然有所领悟似的。不知道是因为他已经明白喊也无益呢，还是认为不会打死他，但是他在柱子旁站住了，等待着和别人一样蒙上眼睛，他也像一头被打伤的野兽，用发光的眼睛环视四周。

　　皮埃尔再也无法使自己转过脸去闭眼不看了。这第五次的屠杀，使得他和整个那群人的好奇心和激动的心情达到了极点。也和别人一样，这第五个似乎非常安静：他掩上衣襟，用一只光脚搔搔另一只光脚。

　　他被蒙上眼睛，他整了整脑后勒得太紧的结子；然后，有人让他靠到血迹斑斑的柱子上，他往后倒了一下，他觉得站的姿势不舒服，调整一下，摆齐两脚，靠稳了。皮埃尔目不转睛，不放过任何一个细微的动作。

随着口令应该响起八支枪的射击声了。但是，皮埃尔后来怎么也回忆不起哪怕极微弱的枪声。他只看见，那个工人忽然在绑他的绳子上坠了下来，身上有两处流出血来，绳子被身子坠得松散了，那个工人不自然地垂着头，弯着一条腿蹲坐着。皮埃尔跑到柱子跟前。没有人拦阻他。几张惊慌、苍白的脸在那个工人周围干着些什么。一个留大胡子的法国老兵，在解开绳子的时候下巴老打哆嗦。尸体放倒了。士兵们笨手笨脚地慌忙把尸首拖到柱子后面，推到坑里。

很明显，大家都明确地知道，那些人是罪犯，他们是在掩藏罪犯的痕迹。

皮埃尔往坑里看了一眼，他看见那个工人两膝贴近头朝上蜷着躺在那儿，一个肩膀比另一个高些，那个高一点的肩膀还在一上一下地抽搐着。可一锹一锹的土已经撒满了整个尸体。其中一个士兵愤怒地、凶狠地朝皮埃尔狂叫了一声，赶他回去。但是皮埃尔不理解他的意思，站在柱子旁不动，也再没有人撵他。

坑被填平后，皮埃尔被带回他原先的地方。站在柱子两旁的两排法国兵，作了一个半转弯，就迈着整齐的步子从柱子边走过去。站在圈子中间的二十四个手持空枪的步兵，当连队从他们身边经过时，全跑回他们原来的位置。

那一对对跑出圈子的步兵，除了一个，全都归队了。留下来的那个年轻士兵，脸色像死一样的苍白，高筒帽子歪到脑后，枪拄在地上，依旧在他从那儿射击的坑对面站着。他犹如喝醉了一样，跟跟跄跄地朝前走几步，后退几步，以保持不致跌倒。一个年龄大些的军士从队伍里跑出来，抓住那个年轻士兵的肩膀，把他拖到连队里。那群俄国人和法国人散开了。他们都低着头，默不作声地走着。

"这就是他们放火应得的教训。"一个法国人说。皮埃尔回头瞧了一下说话的人，那是一个士兵，他显然是想从刚才那件事情上找点聊以自慰的东西，但是找不到。他没有把话说完，就挥挥手，走开了。

行刑以后，皮埃尔被单独关在一座破烂、肮脏的小教堂里。

傍晚时分，看守的军士带着两名士兵走进教堂，向皮埃尔宣布，他被赦免了，现在就去战俘营。皮埃尔还没弄清楚对他说的什么，便站起来跟着士兵走了。广场的坡上有一些用烧焦的木板、圆木和薄板搭起来的棚子，皮埃尔被领进了其中的一间。在黑暗中，有二十个各种各样的人把皮埃尔围了起来。皮埃尔看着他们，不明白他们都是些什么人，他们来干什么，又想要他干什么。他听见他们对他说话，但得不出任何结论和判断：不明白他们说的是什么意思。他在回答问题的时候，根本不看是谁问他，也不在乎人们是否了解他的回答。他看别人的面孔和身子，全都一样地没有意义。

皮埃尔自从看见那场屠杀以后，他心中那副赖以支持一切，并且一切靠它才有生气的弹簧，忽然被扭断了，于是一切都变成毫无意义的东西。在他心目中，那种对美好的世界、对人类的和自己的灵魂，以及对上帝的信仰，全都破灭了。他眼看着整个世界都垮了，只剩下一堆毫无意义的废墟。他觉得，要想恢复对人生的信仰，他已经无能为力了。

在黑暗中有些人站在他身边：他身上一定有什么使他们觉得有趣。人们对他讲了些什么，问了些什么，最后带他来到一间棚子的角落，他身旁的人们有说有笑。

"我说，伙计们……就是那个亲王……"对面角落里有个声音说。

皮埃尔一动不动地靠墙坐在一堆干草上，沉默不语，眼睛一会儿睁开，一会儿闭上。他一闭上眼，他面前就出现那个工人可怕的脸，还有那些身不由己的刽子手由于内心的不安更显得可怕的脸。他于是又睁开眼，在黑暗中茫然地四处看看。

有一个小个子躬着身子坐在他旁边，皮埃尔所以觉出他在旁边，是由于他一动弹就有一股强烈的汗味。这个人在黑暗中摆弄他的脚，尽管皮埃尔看不见他的脸，他却感觉这个人不住地审视他。在黑暗中习惯了一会儿，皮埃尔才搞清楚这个人是在脱靴子。他的动作、姿势引起皮埃尔的注意。

他解开一只脚上的绳子，仔细地把绳子缠好，马上又解另一只脚上的绳子，同时不住地端详皮埃尔。一只手刚把绳子挂上，另一只手已经在另一只脚上解绳子。他的动作不停地一个接着一个：他细心地脱掉靴子，把它挂在头上边的橛子上，摸出一把小刀，割掉一点什么，又把小刀合起来，放到枕头下面，然后坐得舒服些，两手抱着膝盖，两眼盯着皮埃尔。这些熟练的动作，他在这个角落放得井井有条的东西，甚至这个人身上发出的气味，使皮埃尔有一种快乐的、令人安心和从容不迫的感觉。

"老爷子，您不少吃苦吧？是吧？"那个小个子忽然说。他那悦耳的声音十分亲切和纯朴，皮埃尔想回答，可是他的下巴颏颤抖了，他觉得眼泪涌了出来。就在这一瞬间，那个小个子为了不使皮埃尔受窘，就用那同样快乐的声音说下去。

"唉，朋友，别难过，"他用俄国乡下老太婆的口吻亲切地说，"别难过，朋友：忍受一时，长命百岁！这是实话，亲爱的朋友。我们待在这儿，没人会欺负我们。人有好的，也有坏的。"他说，他一面说话，一面麻利地把身子弯到膝盖，站起来，咳嗽着到处去了。

"嘿，好家伙，你来啦！"皮埃尔听见棚子尽头响起那一样亲切的声音，"你这个小坏蛋来了，还记得我！行啦。"那个士兵推开向他扑上来的小狗，回到自己位置上坐下。他手里拿着一个破布包，里面包着什么东西。

"咳，吃点吧，老爷子，"他说，又恢复到刚才的恭敬的腔调，打开包，递给皮埃尔几个烧土豆，"中午我们喝稀汤来着。烧土豆可真美！"

皮埃尔一天没有吃饭了，他觉得土豆味儿非常好闻。他谢过那个士兵，就吃起来。

"怎么样，不错吧？"那个士兵笑着说。他拿起一块土豆，在手掌上切成两半，从破布里捏点盐散上，递给皮埃尔。

"烧土豆可真美！"他重复道，"你尝尝这个。"

皮埃尔觉得，他真的从来没吃过如此好吃的东西。

"我嘛，怎么都无所谓，"皮埃尔说，"但是，他们为什么杀那些可怜的人呢! ……最后一个受刑的才二十来岁。"

那个小个子说："罪过，罪过……"他赶忙补上一句，好像他的话经常挂在嘴边，不自觉地脱口而出，他接着说："怎么回事，老爷子，您怎么没有离开莫斯科?"

"我没想到他们来得这么快。我是无意之中留下来的。"皮埃尔说。

"他们是怎么抓住你的，亲爱的朋友，是在你家里抓住的吗?"

"不是，我去火场来着，他们在那儿抓住我的，说我是纵火犯。"

"哪里有法庭，哪里便有伤天害理的事。"那个小个子插了一句。

"你在这儿很长时间了吧?"皮埃尔嚼着最后一口土豆，问道。

"我吗? 我是上星期在莫斯科一家医院里给他们抓来的。"

"你是干什么的? 是当兵的吗?"

"我是阿普舍龙团的兵。打摆子,病得快死了。没有人告诉我们一点消息。我们有二十多个人躺在医院里。真是想不到。"

"怎么样，你在这儿闷得难受吗?"皮埃尔问。

"怎么会不闷，亲爱的朋友。我叫普拉东，姓卜拉塔耶夫，"他又补充说，显然为了使皮埃尔容易称呼他，"在部队里人家都叫我'雏鹰'。"

沉默了一会儿，普拉东站了起来。

"怎么样，我想你想睡了吧。"他说，迅速地画着十字，念叨起来：

"主，耶稣·基督，"他结束了祈祷，深深一鞠躬，站起来，叹了口气，又在干草上坐下来，"主啊，把我像石头一样放下，像面包一样举起。"他口里念念有词地躺下来，把外套披到身上。

外边，远处传来哭声和喊声，从棚子的板缝里流露着火光；但是棚子里，却是一片寂静和黑暗。皮埃尔好久睡不着，睁着眼在黑暗中躺着，谛听他身旁普拉东均匀的鼾声，他觉得，原来那个被毁灭了的世界，现在在新的不可动摇的基础上，在他的灵魂里活动起来。

......

九

人看见一只将要死去的动物，他会感到恐怖：一个本质与他相同的东西，眼看着将要消灭——再也不存在了。但是正在死亡的是人，而且是亲爱的人，那么，在生命的灭亡面前除了有恐怖感之外，还会感到五脏六腑的撕裂和精神的创伤，这种精神的创伤就像身体的创伤，有时致命，有时痊愈，但是永远疼痛，害怕外界刺激性的抚摸。

安德烈公爵死后，娜塔莎和玛丽亚公爵小姐都有这种感觉。她们精神低沉，对悬在她们头上的可怕的死亡闭上眼睛，不敢面对人生。她们小心地保护尚未愈合的伤口，以免受到带侮辱性的接触。街上疾驰而过的马车，该去用餐的提示，使女请示准备什么衣服；听到不诚恳的、轻描淡写的同情话，所有这一切，都刺痛着伤口，都似乎一种侮辱，破坏了她们俩极力倾听那在她们想象中还未停息的可怕而严肃的合唱所必需的宁静，妨碍她们凝视那在她们面前昙花一现的神秘的、无限的远方。

只有她们俩在一起时，才没有侮辱和痛苦的感觉。她们彼此极少谈话。纵使谈话，也只谈一些最无关紧要的琐事。两人都避免提到有关将来的事情。

承认有一个未来，她们认为是对他的纪念的侮辱。一切与死者可能有关的事，她们在谈话中都很小心地回避。她们觉得，她们所体验的事情，是不可能用语言来表达的。她们觉得，用任何语言提及他的生活细节，都会破坏那在她们眼前完成的奥秘的伟大和神圣。

不断地缄默不语，经常地努力回避可能引起谈他的话头：这样从各方面设下的禁忌，使她们所感到的一切，在她们的想象中更加纯洁和鲜明了。

然而，纯净而完全的悲哀正像纯净而完全的欢乐一样，都是不可能的。玛丽亚公爵小姐，作为能掌握自己命运的独立的主人，同时又是小侄子的监护人和教师，首先被现实生活从她头两个星期沉浸其中的悲伤世界呼唤出来。

她接到一些家信；需要写回信；尼古卢什卡住的屋子很潮湿，害得他咳嗽了。阿尔帕特奇来雅罗斯拉夫尔报告家务，并且带来迁回莫斯科弗兹德维仁卡的住宅的建议和劝告，那所住宅还保持完整，只要略加修理一下就行了。生活没有停息，需要活下去。对于玛丽亚公爵小姐来说，离开那隐居冥想的世界，不管是多么令人难过，撇下孤单单的娜塔莎，不管是多么令人怜惜，甚至有点内疚，然而，生活上的事务要求她去操持，她也只好服从这种要求。她和阿尔帕特奇检查了账目，和德萨尔商量了小侄儿的事情，对迁往莫斯科的事情作了指示和准备。

娜塔莎剩下一个人了，自从玛丽亚公爵小姐忙着准备起程以后，娜塔莎总是躲着她。

玛丽亚公爵小姐向伯爵夫人提出，让娜塔莎和她一起到莫斯科去，娜塔莎的双亲快乐地同意，他们看着女儿的身体一天不如一天，认为换个环境，莫斯科的医生给她看看病，对她是有益的。

"我哪里也不去，"向娜塔莎提出这个建议时，她回答说，"只求你们不要管我，好不好，"说完她就跑出屋去，极力忍住气恼和愤恨的眼泪。

娜塔莎自从觉得被玛丽亚公爵小姐抛弃后，大部分时间一个人藏在屋里，把腿蜷起来坐在沙发角落里，用她那紧张的手指揉碎一件什么东西，眼睛碰到什么东西，就用一动不动的目光盯住它。这种孤独的生活耗损了她的体力，折磨着她的精神；可是这对她是必要的。只要一有人进来，她就赶紧站起来，改变了姿势和眼神的表情，拿起书来读或者做针线活儿，很明显，她是在急不可耐地等待那个打扰她的人走开。

她老感觉，眼看她就可以洞察出她内心的目光带着疑问所注视着的那件东西。

12月底，娜塔莎穿一件毛料的衣裳，头发随便绾一个结，她蜷着腿坐在沙发的角落里，紧张地把衣带的末端揉成一团，随后又放开它，眼睛望着门的角落。

她向着他消逝的彼岸——人生的彼岸望去，她从前从未想过，并且从前觉得那么遥远和不相信它存在的那个人生彼岸，现在她觉得它比人生的彼岸更亲也更可理解。

她向他到过的地方望去；但是她只能看见他到过那些地方的时候的样子，想象不出他其他的样子。她又看见他在梅季希、在特罗伊茨、在雅罗斯拉夫尔时候的样子。

就像在眼前一样，他穿着丝绒的皮衣躺在安乐椅里，头支在瘦削苍白的手上。他的胸脯深深地陷了下去，肩膀耸起来。嘴唇紧闭，眼睛发出亮光，额头上的皱纹不停地打折又展平。一条腿隐约可见地在很快地微微颤抖。娜塔莎知道，他是和折磨人的疼痛作斗争呢。"这是一种什么痛苦呢？为什么会有这种痛苦？他一定觉得非常疼！"娜塔莎想。他感到她在看着他，于是抬起眼睛，说起话来。

"有一件事最可怕，"他说，"这就是把我和一个受苦受难的人永远连在一起。这是永久的痛苦。"娜塔莎像往常一样，不等想好说什么，就答话了。她说："不会总是这样下去的，一定不会的，您会完全康复。"

她现在又看见他，她现在正体会着她当时所感受的一切。她回忆起他听到这番话时他的目光是那么忧郁和严厉，她知道，那长久的注视，含有责备和绝望的意味。

"我承认，"娜塔莎现在自言自语，"假如他成为永远受苦的人，那是可怕的。当时我那样说，只是由于那对于他是可怕的，可是他理解错了。他以为那对于我是可怕的。他当时还想活。而我对他说了愚蠢的话。我不是那样想的。我的想法完全不同。假如我把我所想的说出来，那我就会说：就让他慢慢地死去，就让我永远眼看着他慢慢死去，也比我现在幸福。现在……什么也没有了，什么人也没有了。他知道这个吗？不。他不知道，而且永远也不会知道了。而现在，已经永远无法弥补这一点了。"他又对她说那同样的话，但是现在娜塔莎在想象中给他的回答却不一样了。她阻拦他说："这在您觉得可怕，在我并不是这样。您要知道，没有了您我在生活中就什么也没有了，和您一同受苦，是我最大的幸福。"于是他拿起她的一只手，紧紧地握着，似乎他临死前四天那个可怕的晚上握她一样。于是，在她的想象中，对他说出当时她本来就可能说的温存、火热的话。"我爱你……爱你……爱你……"她痉挛地握紧双手，拼命地咬紧牙关说。

一种甜蜜的悲伤充满她的全身，泪水涌出眼眶，但是她突然问自己：我这是对谁说话？他在哪儿？他现在是一个什么样的人？但是一切又被冷酷无情的困惑不解遮掩住了，她又紧皱着眉头，向他所在的方向注视着。她好像觉得，眼看她就要识破那个奥秘……但是，就在她觉得她已经解开那个不可理喻的事物的时刻，门环给敲得山响，女仆杜尼亚莎带着惊慌、不安的神情，一下子闯进门来。

"请您快到爸爸那儿去吧，"杜尼亚莎带着紧张的表情说，"彼得·伊利伊奇不幸的消息……有信来。"她抽泣了一下说。

娜塔莎除了对所有的人都有种疏远感觉之外，这时她对家里人另有一种特殊的疏远感觉。所有的亲人：父亲、母亲、索尼娅，在她是那么亲近，那么习以为常，以至于他们的言谈、感情，她都觉得对她近来所处的那个世界是一种侮辱，她对他们不但淡漠，而且敌视。她听了杜尼亚莎传来的关于彼得·伊利伊奇不幸的消息，但是不明白她说的是什么意思。

"他们怎会有什么不幸，他们怎么可能有不幸，他们一切都是老样子，因循守旧，平平静静。"娜塔莎心里说。

她走进大厅的时候，父亲正匆匆地从伯爵夫人房里走出来。他看见娜塔莎，绝望地把两手一挥，突然痛苦地发出痉挛的哽咽声，他那柔和的圆脸都扭曲了。

"彼……佳……你去吧，去吧，她……她在叫你……"他像孩子一样大哭着，迅速挪动软弱无力的步子向椅子走去，他双手捂住脸，几乎是向椅子倒了下去。

似乎一股电流突然流过娜塔莎的全身。有一种东西朝着她的心口猛然痛击一下。她感到剧烈的疼痛；她仿佛觉得从她身上撕掉一块东西，她正在死去。可是，一阵疼痛过后，她顿时觉得她从内心的禁锢生活中解放了出来。她一见到父亲就立刻忘掉自己和自己的不幸。她向父亲跑过去，但是他无力地摆着手，指了指母亲的门。玛丽亚公爵小姐从门里走出来，她面色苍白，下颏颤抖，握起娜塔莎的手，对她说了点什么。娜塔莎对她视而不见，也没有听见她说的什么。她快步走进门里，停了一下，就像在跟自己作斗争一样，随后向母亲跑过去。

伯爵夫人躺在安乐椅里，扭曲着身子，在向墙上碰头，索尼娅和女仆们按住她的臂膀。

娜塔莎屈起一只膝跪在安乐椅上，俯下身来搂着她，以出人意料的力量抱起她，把她的脸转过来向着自己，紧紧偎依着她。

"妈妈! ……亲爱的! ……我在这儿，亲爱的，妈妈。"她一刻不停地向她低喊道。

她不放开母亲，温柔地和她挣扎着，要来枕头和水，解开了母亲的衣裳。

伯爵夫人紧握着女儿的手，闭上眼睛，平静了一会儿。她忽然以从未有过的动作迅速站起来，茫然四顾。她见到娜塔莎，就用尽全力搂着她的头。然后把她那疼得皱起眉头的脸转向自己，久久地盯着她。

"娜塔莎，你是爱我的，"她用信任的口气低声说，"娜塔莎，你不会骗我吧? 你把事情的真相告诉我吧。"

娜塔莎泪水涟涟地望着她，她的脸和眼睛，充满祈求宽恕的表情。

"我的好妈妈，妈妈。"她反复地说，她以全部爱的力量来分担压在她身上太多的悲哀。

母亲在同现实作软弱无力的斗争中，不肯相信在爱子丧生后自己还能活下去，她又从现实中逃往精神错乱的世界。

娜塔莎不记得那一天是怎样过的，也不记得那天夜里、第二天和第二天夜里是怎样过的。她没有睡觉，也没有离开母亲。娜塔莎的爱，顽强的、无限耐心的爱，对生的召唤，时时刻刻包围着伯爵夫人。第三天夜里，伯爵夫人平静了几分钟，娜塔莎在安乐椅上手支着头闭一会儿眼睛。床响了一下。娜塔莎睁开眼睛，伯爵夫人坐在床上，兴奋地说：

"你回来了，我非常兴奋。你累了，要喝点茶吗？"娜塔莎走到她跟前，"你长得像个大男人了。"伯爵夫人握住娜塔莎的手，继续说。

"妈妈，您说什么啊！……"

"娜塔莎，他死了，再也看不到了！"伯爵夫人抱着女儿，第一次失声痛哭了。

玛丽亚公爵小姐推迟了她的行期。索尼娅、伯爵都很愿把娜塔莎替换下来，然而这不可能。只有她才能阻止母亲陷入疯狂的绝望。连续三个星期娜塔莎寸步不离母亲身边，在她屋里沙发上睡觉，给她喂水，喂饭。她不停地和她说话，因为只有她那温柔亲切的声音才能使伯爵夫人得到安慰。

母亲的精神创伤无法痊愈。彼佳的死夺去了她一半的生命。她本来是一个精力充沛、生气勃勃的 50 岁的女人，从彼佳的死讯传来一个月后，她走出自己的卧室时，已经是一个半死不活的老太太了。而这个夺去伯爵夫人一半生命的新的创伤，却让娜塔莎复苏过来。

她本以为她的生命完结了。但是，对母亲的爱忽然向她证明，生命的本质——爱——仍然活在她的心中。爱复苏了，生命也复苏了。

安德烈公爵临死前的那些日子，把娜塔莎和玛丽亚公爵小姐结合起来了。新的不幸促使她们愈加接近了。玛丽亚公爵小姐推迟了起程时间，最近三个星期以来，她照看娜塔莎，就像照看有病的孩子一般。娜塔莎在母亲房里过的这几个星期，耗损了她的体力。

一天中午，玛丽亚公爵小姐看见娜塔莎在打哆嗦，就把她领到自己房里，让她躺在床上。娜塔莎躺下来，但是当玛丽亚公爵小姐放下窗帘想走的时候，娜塔莎把她叫到跟前。

"我不想睡。玛丽，陪我坐一会儿。"

"你累了，要迫使自己睡一下。"

"不，不。你为什么把我领到这儿来？妈妈会问起我的。"

"她好多了。她今天说话非常正常。"玛丽亚公爵小姐说。

娜塔莎躺在床上，在半明半暗的房间里仔细端详玛丽亚公爵小姐的脸。

"玛莎，"她怯生生地拉过她的手说，"玛莎，你不要以为我傻里傻气的。你不会这么想吧？玛莎，我很爱你。咱们做真正的好朋友吧。"

娜塔莎拥抱玛丽亚公爵小姐，亲吻她的手和脸。玛丽亚公爵小姐对娜塔莎的这种感情流露又惊又喜。

从这天起，玛丽亚公爵小姐和娜塔莎之间建立了那种只有女人之间才有的热情而温柔的友谊。她们不断地亲吻，彼此谈些温存的话，大部分时间都是一起度过的。假如一个出去了，另一个心里就很不安，赶快去找她。她们俩在一起比分开独自一人感到和谐。她们之间建立的感情比友谊更强烈：这是一种只有在一起才能活下去的独特感情。

有时她们一连几个小时默不作声；有时已经躺在床上了，又开始谈话，一直谈到清晨。她们多半谈早已过去的事。玛丽亚公爵小姐讲她的童年，讲她的母亲，讲她的父亲，讲她的梦想；娜塔莎过去因为不理会那种虔诚的生活，不理会基督教自我牺牲的诗意，现在由于她和玛丽亚公爵小姐被爱结合在一起，因此她也爱玛丽亚公爵小姐的过去，懂得了她过去不懂得的生活的另一面。她不想把这种顺从和自我牺牲精神使用在自己身上，因为她习惯寻求欢乐，但是她懂得了并且爱上了对方身上那种她过去所不理解的德行。而玛丽亚公爵小姐，她听了娜塔莎讲她的童年和少年的故事，也发现了她先前所不了解的生活的另一面——相信生活，相信生活的乐趣。

她们照例仍然不提他，她们认为那些话会破坏她们心中崇高的感情，而闭口不谈他，她们竟然慢慢把他淡忘了。

娜塔莎瘦了，面色苍白，身子是那么弱，使得大家经常谈论她的健康，而她对这反而觉得愉快。可是有时她突然不仅害怕死，并且害怕生病，害怕衰弱，害怕失去美貌，她有时仔细地看自己裸露的手臂，瘦得令她感到惊奇，或者每天早上对着镜子看她那瘦长的、她觉得可怜巴巴的脸。她觉得，就应该这个样子，而同时又觉得可怕和悲哀。

有一次，她快步上楼，累得大口喘气。她立刻给自己想出下楼的理由，但是为了试试体力，看看自己怎么样，又往上爬。

又有一次，她呼唤杜尼亚莎，她的嗓子发出颤音。虽然她听见了杜尼亚莎的脚步声，但是又叫了她一声，用她那唱歌的胸音叫了一声，同时倾听自己的声音。

她不知道，也不相信，但是在她心中那层看来难以渗透的泥土中，已经钻出又细又嫩的幼芽，它一定会生根，用它那生气勃勃的嫩叶把她的悲哀遮盖起来，不久就再也看不见它，也觉不出它了。创伤从内部平复了。

1月底，玛丽亚公爵小姐动身去莫斯科，伯爵让娜塔莎和她同行，以便在莫斯科看病。

……

十

对亚历山大和拿破仑的活动无法说是有益还是有害，因为我们说不出它为什么有益和为什么有害。如果这种活动不为某些人所喜欢，其所以不被喜欢，那也不过是因为这种活动不符合他本人对好事的理解罢了。

可是，我们假定所谓科学有调和一切矛盾的可能性，它也有衡量历史人物和历史事件好坏的永不更改的尺度。

我们假定，亚历山大能把一切做得完全是另一个样子。假定他能按照那些指责他的、自命深知人类活动最终目的的一些人的指示办事，并按照那些现在责备他的人所给予他的民族性、自由、平等和进步的纲领来治理国家。我们假定，可能有这么一个纲领，而且已经拟好了，亚历山大也照办了。那么，那些反对当时政府方针政策的人们的活动——史学家认为那些活动是有益的，好的，会成为什么样呢？这种活动就不会有了；实际的生活也不会有；一切都不会有。

假如设想人类生活是受理性支配的，那么，现实生活存在的可能性也就不存在了。

假如像史学家所设想的那样，伟大的人物领导人类去达到某些目的的话，那么，不理解偶然和天才这两个概念，就无法阐明历史现象。

如果本世纪初叶历次欧洲战争的目的，是为了俄国的强大，那么，纵使没有这些战争，这个目的也能达到。如果为了法国的强大，那么，不用革命，也不用建立帝国，同样也能达到这个目的。假如目的是为了传播思想，那么，出版书籍来完成这项工作要比军队好得多。如果目的是为了文明进步，那么，不用说，除了使用毁灭人的生命的手段外，还有其他更适于传播文明的途径。

可是，为什么事情是这样发生了，而不是以另一副样子发生呢？

历史告诉我们：事情之所以这样发生是由于"偶然创造了时势，天才利用了它。"

但是，什么是偶然？什么是天才呢？

偶然和天才这两个词并不表示任何实际存在的东西，所以是无法下定义的。这两个词仅只表示对现象的某种程度的理解。我不知道为什么发生了某种现象；我是无法知道的；我也不想知道；这是偶然使然。我看到一股力量，这股力量产生了与人类固有本性不相称的行为；我不理解为什么发生这样的事，因此我只好说：这是天才使然。

只要不去探求眼前的、容易理解的目的，并且承认最终目的是我们不能理解的，我们就可看出那些历史人物生活的一贯性和合理性；我们才能发觉他们那些不合人类本性的行为的原因，因而我们也就不需要偶然和天才这类名词了。

只有坦白地承认我们不清楚欧洲各国人民激荡骚动的目的是什么，我们就不仅不必在拿破仑和亚历山大二人的性格中去寻找他们独具的特点和天才，并且对这些人也不必另眼看待，认为跟其他人有什么不同；再者，不仅不需要用偶然性去解释造就这些人物的那些小事，而且将会明显地看出，这一切小事也是必然的。

放弃对最终目的的探索，我们就会清楚地看到，我们想不出有另外两个各有其经历的人，比拿破仑和亚历山大更适于完成这两个人所完成的使命，而且完成得那么细致和彻底。

本世纪初叶，许多欧洲事件中有一个重大事实，就是欧洲各国的民众自西而东后来又自东而西的黩武活动。这种活动的祸首，便是自西而东的行动。

从法国革命开始，那个不够强大的旧集团便崩溃了；旧习惯和旧传统毁灭了；新规模的集团、新习惯和新传统正在逐渐形成，同时，一个站在未来运动的前头，并要对行将发生的一切承担全部责任的人物，也应运而生。

一个没有信仰、没有名望，甚至也不是法国后裔的人，由于奇特的偶然性，在激荡着的法国各党派之间，不依附于其中任何党派，竟然出人头地，爬上了显赫的地位。

这个人的撒谎本领和他那自以为是的低能智力，使他成为军队的首脑。意大利军队的士兵们的优秀素质，给他赢得了军事声望。无数的偶然到处伴随着他。他在法国执政者面前失宠反而对他有利。他企图改变自己的命运，都没有成功。在意大利战争期间，他好几次濒于毁灭的边缘，可每次都出乎意外地得救了。俄国军队，就是那个能毁掉他声誉的俄国军队，由于外交方面的种种考虑，直到他离开欧洲时才进击欧洲。

他从意大利回来时，发现巴黎政府土崩瓦解，凡是与这个政府相关的人没有不遭到清洗和毁灭的。于是，对他就自然而然地出现了从这个危险境地脱身的出路，那就是无缘无故地派他去远征非洲。又是这个偶然性伴随着他。

无法攻破的马耳他岛居然一枪未放便投降了；最轻率的指令却获得了圆满的胜利。事后连一条船也不放行的敌方海军，当时却让拿破仑全军通过。在非洲，对手无寸铁的人民，干下了一系列暴行。这些干了暴行的人，尤其是他们的领导者，都尽量使自己相信，这么干十分好，这才是光荣，这才像古罗马的皇帝恺撒和马其顿君王亚历山大。

那个光荣与伟大的理想是：不仅完全不认为自己的行为恶劣，而且还为自己犯下的罪行自豪，并赋予它以莫名其妙的超自然的意义，——这种指导这个人及其随行的人们的理想，在非洲得到很好的发挥。不论他做什么都成功。瘟疫不传染他。屠杀俘虏的残暴行为也不归咎于他。他无缘无故、不光彩地撇下患难的伙伴从非洲逃走了，连这也算是他的功绩，并且，敌方的海军又两次放他通行。在他已经完全沉醉在他侥幸犯下的罪行并对他所要扮演的角色做好准备的时候，他漫无目的地来到巴黎，这时候，那个一年前可以毁灭他的共和国政府的分崩离析已达到顶点，他这个与各党派无关的新人的到来，这时只会抬高他的身价。

他没有任何计划；他什么都害怕；可是，各党派都试图拉拢他，要求他参加。

只有这个人——因为他有在意大利和非洲养成的对光荣和伟大的理想，有疯狂的自我崇拜，有犯罪的胆量以及撒谎的本事，只有他这个人才能为正在发生的事辩护。

那个等待他的地位需要他，因此，几乎并非出于他的意愿，他被拉去参与以攫取权力为目的的阴谋活动，而且这个阴谋获得了成功。

他被拉去出席政府的会议。他大惊失色，以为自己的末日到了；他假装晕倒，说了些可能送掉他的性命的没有意义的话。可是，从前精明而骄傲的法国统治者们，比他还狼狈，这些人现在说了一些不是他们为了保持权力和消灭他应该说的话。

偶然，成千上万的偶然，给他以权力；所有的人，像是商量好了似的，都来帮助确立这个权力。偶然使当时的法国统治者情愿服从他；偶然使保罗一世情愿承认他的权力；偶然使反对他的计谋对他不但没有损害，反而加强了他的权力。偶然使昂季安公爵落入他的手中，并意外地促使他杀掉了公爵，这比采用别的任何方法都更有力地使一般人信服他有势就有权。偶然使他把集中全力去远征英国的意图突然转为进攻马克和不战而降的奥地利人。偶然和天才使他在奥斯特利茨取得了胜利，并且，偶然所有的人尽管对他的罪行还怀有以前的恐惧和厌恶，可这时也承认了他的权力，承认了他给自己加封的称号，承认了他对于光荣与伟大的理想，大家都觉得这个理想是一种美好、合理的东西。

仿佛是估量一下实力，对行将到来的运动做好准备似的，西方势力在1805、1806、1807、1809几年中好几次向东挺进，逐步地加强着，壮大着。1811年在法国组成的一伙人与中欧各国的人们汇成一个庞大的集团。随着人群的壮大，替领导运动的人进行辩护的力量也进一步强大起来。在即将发生的大规模运动来临之前进行准备的十年过程中，这个人纠结了欧洲所有头戴王冠的人。原形毕露的世界统治者们都没有力量对抗那毫无意义、毫无理性的拿破仑式的光荣与伟大的理想。他们一个接着一个地在他面前卑躬屈膝。普鲁士国王派他的妻子向这个伟人奉承邀宠；奥地利皇帝认为，此人倘若把帝王的女儿请进他的床帏，那则是莫大的恩遇；教皇，各国人民圣物的保护者，也利用宗教为抬高这个伟人的身价而服务。与其说拿破仑本人自己扮演角色，不如说他周围的人让他去对正在发生的和将要发生的事承担全部责任。他所犯下的每桩罪行，在他周围的人口中无不马上说成是伟大的楷模。日耳曼人为他想出了最好的庆典。不但他伟大，并且他的亲人全都伟大。一切事情的发生都是为了使他丧失最后一点理智，都是准备让他去扮演一个可怕的角色。当他准备好了的时候，兵力也就准备好了。

侵略的矛头指向东方，到达了最后的目的地——莫斯科。京城被占领了；俄国军队受到的损失比敌军先前从奥斯特利茨到瓦格拉木历次战争所受的损失还要惨重。但是，突然代替那些一贯使他获得不断胜利而达到既定目的的偶然和天才的，却是无数相反的偶然，天才变成了史无前例的愚蠢和卑劣。

侵略军逃跑了，向后跑了，一逃再逃，一切偶然，这时开始反对他了。

与前次自西而东的运动非常相像的自东而西的一次相反的运动发动了。

巴黎到达了。拿破仑的政府和军队失败了。拿破仑本人就没有任何意义了。可是，一个莫名其妙的偶然又出现了：同盟国仇恨拿破仑，认为他是令他们遭受灾难的原因；对这个被剥夺了权势并暴露出罪恶和奸诈的拿破仑，人们本应当像十年前和一年后那样，把他看做一个无法无天的强盗。但是，由于某种离奇的偶然机会，谁也没有看出这一点。他扮演的角色还没有完结。这个十年前和一年后被看做无法无天的强盗的家伙，带着拨给他的卫队，被遣送到划归他管辖的一个小岛上去了，不知为什么还付给他数百万钞票。

1813 年娜塔莎和别竺霍夫结婚，是老罗斯托夫家最后一件喜事。就在同一年，伊利亚·罗斯托夫伯爵死了，他一死，那个旧家庭也就解体了。

过去一年发生的事，接二连三落在老伯爵头上，他好像不了解也不能了解这些事件的意义，在精神上他低下了他那老年人的头，仿佛俯首期待和请求新的打击以结束自己的生命。他有时丧魂失魄，有时却反常地活跃，对事业很热心。

他为娜塔莎的婚事忙了一阵子。他定午餐和晚餐的酒席，显然想露出愉快的样子；可是他的愉快已经不像先前那样富于感染力了，认识他的人反而觉得他很可怜。

皮埃尔带着妻子走后，他开始沉默寡言，感到烦闷。几天以后，他病倒在床上了。他生病的头几天，虽然医生宽慰他，但他知道他再也起不来了。伯爵夫人和衣坐在圈椅里，在他的床头守了两个星期。她每次递给他药，他都抽泣着，沉默地吻她的手。在最后一天，他痛哭失声，请求妻子和不在跟前的儿子宽恕他荡尽家产，——他觉得那是他主要的罪过。领过圣餐，行过涂敷礼后，他静静地死去了，第二天，在罗斯托夫家租来的住宅里，挤满了前来向死者最后致意的熟人们。所有这些常在他家吃饭、跳舞，而且常常嘲笑他的人们，现在都怀着内疚和感动的心情，像自我辩解似的说："不管怎么说，他是一个十分好的人。如今再难见到这样的人了……谁能一点缺点也没有呢？……"

正当伯爵的经济状况弄得一塌糊涂，如果再过一年的话结局简直无法设想的时候，他忽然死了。

尼古拉在接到父亲去世的消息时，正随着俄国军队驻在巴黎。他立刻辞掉职务，不待批准，就请假回莫斯科。伯爵死后一个月，经济情况已经弄清楚了，过去虽然知道有一些零星债务，可是其数额之大却使大家吃惊。负债的总数比家产大一倍。

亲友们劝尼古拉放弃遗产。可是尼古拉认为拒绝接受遗产是对亡父的亵渎，所以他没有听从劝告，接受了遗产，负起还债的义务。

伯爵在世的时候，由于他这个滥好人，对那些债主们有一种难以名状的强大影响，债主们长时间没有开口，现在突然一齐来讨债了。正如常有的情形，大家都争着首先得到偿还，那些人不肯宽尼古拉的期限，不给他喘息的机会，无情地向那个显然不欠他们钱的年轻继承人逼上来了。

尼古拉所设想的周转办法，都没有成功的；产业以半价拍卖出去，依旧有一半债务未能偿还。尼古拉接受了他妹夫别竺霍夫借给他的三万卢布，以支付他认为借的是现款的真正的债务。他为了不致为其余的债务而坐牢，重新去谋差事。

虽然他回军队可以首先补上团长的空缺，可他不能回去，因为母亲现在把儿子当做生活中唯一的慰藉，抓住他不放；因此，虽然他不愿留在莫斯科回到先前的熟人中间，虽然他讨厌文职，他仍然在莫斯科找到一个文官的职务。他脱掉他心爱的军服，同母亲和索尼娅搬到西夫采夫·弗拉若克区一所小住宅里。

娜塔莎和皮埃尔此刻住在彼得堡，不大清楚尼古拉的境况。尼古拉向妹夫借钱，尽量瞒着他的窘迫境况。尼古拉的处境十分为难，因为他要用1200卢布养活自己、索尼娅和母亲，并且还不能让母亲知道他们家已经穷了。伯爵夫人简直无法想象如果没有那些奢侈的东西如何生活下去，她不知道儿子是多么困难，不断地提出要求——时而要马车去接朋友，时而为自己要佳肴美食或者为儿子要美酒，时而要钱买一件惊人的礼物。

索尼娅料理家务，侍奉姑母，念书给她听，忍受她的任性和内心对她的嫌恶，协助尼古拉向老伯爵夫人隐瞒他们的窘况。尼古拉觉得，他对索尼娅为他母亲所做的一切的感激之情，是报答不尽的。他赞赏她的耐性和忠诚，但尽量躲避着她。

他心里为了她太完美而责备她。她有一切为人们所珍贵的品质；但是就缺少使他爱她的东西。他甚至觉得，他对她的评价越高，对她的爱就越少。他在她的信中得到她给他自由的诺言，现在他对她的态度，就像他们过去的一切老早老早以前就给忘记了，在任何情形下也不可能再恢复了。

尼古拉的景况愈来愈糟了。他没有任何企望，也不指望什么；他内心深处却有着一种忧郁而庄严的愉快。他尽可能避开旧日的熟人，避开他们的同情和令人屈辱的援助表示，甚至在家里也不干什么，只跟母亲玩玩牌，在室内无言地踱步，一袋接着一袋地吸烟。他似乎努力保持忧郁的心情，只有靠这种心情才能忍受他的处境。

初冬时分，玛丽亚公爵小姐来到莫斯科。她从城里的传闻得知罗斯托夫家的情况。

"我早知道他是这样的人了。"玛丽亚公爵小姐对自己说，她为确认自己是爱他的而感到愉快。她回顾她家和罗斯托夫全家的友情，似乎一家人似的亲密，她认为她应该去看望他们。但是一想起在沃罗涅日她和尼古拉的关系，她又害怕了。在到莫斯科几个星期以后，她还是鼓起了勇气去拜访罗斯托夫家去了。

迎着她的第一个人就是尼古拉，因为去伯爵夫人那儿必须经过他的房间。尼古拉看她头一眼脸上的表情，便是公爵小姐先前从未见到的冷淡、高傲的表情。尼古拉向她问候后，就把她送到母亲那儿，他坐了五六分钟，就出来了。

公爵小姐从伯爵夫人那儿出来，尼古拉又迎着她，他非常郑重而冷淡地把她送到前厅。她提起伯爵夫人的健康时，他一句也没回答。

"她想干什么? 我简直受不了这些小姐和那些客套! "公爵小姐的马车驶走后，他抑制不住自己的愤怒，当着索尼娅的面大声说。

"哎呀,怎么能这样说,尼古拉! "索尼娅喜形于色愉快地说,"她多么善良,妈妈非常喜欢她。"

尼古拉没有回答，他根本不想再谈她。但是自从公爵小姐来访后，伯爵夫人每天都要提她好几次。

当母亲提起公爵小姐时，尼古拉只是不做声，他的沉默惹急了母亲。

"她是一个可爱的好姑娘，"她说,"你应该去看看她。你总得去见见人啊；不然，你老和我们在一起，你一定闷得慌。"

"我根本不想去见人，妈妈。"

"你原说要去见人来着，现在又不愿意了。亲爱的，我真不理解你。你一会儿闷得慌，一会儿不愿见任何人。"

"我并没有说我闷得慌。"

"怎么，你不是说过，你竟连见她也不愿见。她是一个很可敬的姑娘，你一直是喜欢她的；但是现在，不知忽然生出了什么缘由。你什么都瞒着我。"

"一点也没有，妈妈。"

"我倘若求你做什么不快乐的事，倒也罢了，但是，我不过求你回访一次。这是应尽的礼数……"

"您一定要我去的话，我去就是了。"

"我倒没关系；我是为你着想。"

尼古拉叹了口气，咬住髭须，发起牌来，极力引开母亲的注意力。

在受到尼古拉意外的冷遇以后，玛丽亚公爵小姐不得不承认，她不愿首先去罗斯托夫家是对的。

"我就知道事情一定会是这样的，"她自言自语说，"我和他没有什么关系，我不过是想看看老太太，她待我一向不错，我欠了她不少的情。"

可是这些想法并不能使她得到慰藉：当她回忆那次造访时，一种类似悔恨的感觉折磨着她。虽然她下定决心不再去罗斯托夫家，忘掉那一切，可她总觉得自己没着没落似的。当她自问是什么东西使她烦恼时，她不得不承认，那是她和尼古拉的关系。他那冷淡的、彬彬有礼的态度，不是出自他对她的感情，他这种态度掩盖着某种东西。这正是她要弄明白的；直到现在使她感到心情不能安静的正是这一点。

仲冬的一天，她正在教室里照看侄儿做功课，仆人来禀报罗斯托夫来访。她决心不泄露自己的秘密并保持镇静，她请布里安小姐和她一同到客厅里去。

她一下子就在尼古拉脸上看出，他不过是来回拜的，因此她拿定主意也保持他对她的那种态度。

在布里安小姐的协助下，公爵小姐总算顺利地进行了这场谈话；但是就在最后一分钟，就在他站起来的时候，她由于谈一些与她无关的事而感到如此疲倦，她的精神突然恍惚起来，她那一对明亮的眼睛向前凝视着，没有注意他已经起身，依旧坐在那儿没有动。

尼古拉看了看她，他想装作没有注意她的走神，就跟布里安小姐谈了几句话，又向公爵小姐看了一眼。她仍然坐着不动，在她那温柔的脸上露出痛苦的表情。他忽然对她可怜起来，他模糊地觉得，他可能就是她脸上所表现的哀怨的原因。他很想帮助她，对她说些使她快乐的话，可他想不出对她说什么。

"再见，公爵小姐。"他说。她醒悟过来，涨红了脸，深深地叹了一口气。

"啊，对不起，"她如梦初醒似的说，"您要走了，伯爵；再见！送给伯爵夫人的枕头呢？"

"等一等，我这就去取。"布里安小姐说着走出了房间。

两个人都沉默了，时而彼此看一眼。

"是啊，公爵小姐，"尼古拉露出忧郁的微笑，终于说话了，"自从咱们第一次在博古恰罗沃见面以来，似乎过了不久，但是发生了多大的变化啊。我们都很不幸，——我愿意付出任何代价来挽回那个时光……但是无法挽回了。"

他说这话时，公爵小姐用她那明亮的目光凝神地望着他的眼睛。她仿佛极力在他的话里了解他向她表白感情的潜在的意思。

"是的，是的，"她说，"对于过去，您没有什么好怅惜的，伯爵。就我所了解的您现在的生活来说，您会永远带着愉快的心情来回忆它的，因为您现在是过着自我牺牲的生活……"

"我不愿接受您的称赞，"他连忙打断她的话，"恰恰相反，我每时每刻都在责备自己；不过，说这些话毫无意味，令人不快乐。"

他的目光又露出以前冷淡的表情。但是公爵小姐在他身上已经又看出她所熟悉、所爱的人，她现在就是同这个人谈话。

"我还以为您会同意我对您说这些话的，"她说，"我和您……和您全家都是如此亲近，所以我以为您不会以为我的同情用的不是地方；可是我想错了，"她说，她的声音忽然颤抖了，"我不知道为什么，"她镇定一下，继续说，"您从前不是这样的……"

"为什么——有上千种原因。谢谢您，公爵小姐，"他低声说，"有时特别难过啊。"

"原来就是为了这个！就是为了这个！"公爵小姐内心的声音说，"不，我爱他，不仅爱他那快活的眼神，不仅爱他漂亮的外表；我看出他那一颗高尚的心，”她在心里自言自语．“是的，现在他穷了，我富……是的，就是为了这个……是的，假如没有这样的事情……”望着他那善良的、忧郁的脸，她突然明白了他为什么冷淡的原因。

"为什么，伯爵，究竟为什么？"她向前凑近他，不由得突然大声说，"告诉我，为什么？您得告诉我。"他不吭声。"伯爵，我知道您为什么，"她继续说，"我心里难过，我……我向您承认这一点。您为什么要舍弃我们过去的友谊呢？这使我痛心。"在她的眼睛里和声音里都含有眼泪。"我的生活很少有幸福，任何损失都令我难过……原谅我，再见。"她突然哭起来，走出屋去。

"公爵小姐！看在上帝的份上，等一等！"他喊道，尽力拦阻她，"公爵小姐！"

她回头看了看。他们默默地注视了几秒钟，于是，那遥远的、不可能的东西，忽然成为眼前的、可能的和不可避免的东西了……

列夫·托尔斯泰情书

"您是否愿做我的妻子?"

索菲娅·安德列耶芙娜:

我再也无法忍耐下去了。接连 3 个星期,每天我都对自己说:今天我一定要说出一切。然而我依然怀着惆怅、悔恨、恐惧和幸福的心情离开了。每天夜里,我都和今天一样,总是痛苦地对自己说:我为什么没说呢?我该怎样说,又说些什么呢?现在,我带着这封信,如果我又一次没有说,没有勇气对您说出一切,那就让我交给您这封信吧!

我觉得,你们全家对我有个错觉,似乎我爱上了您的姐姐丽扎。这是不对的。您写的中篇小说深深地印入我的脑海。读过之后,我确信了一点,我——杜勃利兹基(索菲娅小说中的男主人公,托尔斯泰以他自诩)——不配憧憬幸福,您对爱情有着美好的、诗一般的追求……您将爱上谁,我不嫉妒,将来也不嫉妒。我觉得,我能为您高兴,像为孩子们高兴一样。

过去我曾写过:只要同您在一起,我立即就会记起我的年龄大和不可能得到的幸福,对,正是您。

但那时,直到后来,我是在欺骗自己。而当时,我也许还能够扯断一切,再次回到我那个人奋斗、潜心干事业的狭小的"修道院"中去,可现在我却什么都做不下去了。我觉得,是我扰乱了你们的家,我失掉了和您——一个诚实的人作为朋友的单纯而珍贵的友谊。但我不能离去,却又没有勇气留下来。您,一个诚实的人,要坦率地,不要匆忙,千万不要匆忙告诉我该怎么办。一个人嘲笑什么,他自己也就要为其付出代价。假如一个月前有人对我说,一个人会像我现在这样痛苦,我会笑死的。但我现在却正是在为幸福而痛苦着。诚实的人,告诉我,您是否愿做我的妻子?只要是出自内心，您可以大胆地说"可以"；倘若您对自己还有丝毫的怀疑，那就说"不行"好了。

看在上帝的份上，好好问问您自己。

听到"不行"，对我来说是可怕的，我能预见到这一点。但我会找到经受这一切的力量。倘若我做您的丈夫，而您又不能像我爱您那样地爱我，那才更加可怕。

列夫·托尔斯泰大事年表

1828 年，1 岁，列夫·托尔斯泰诞生在雅斯纳亚·波良纳庄园。

1844 年—1846 年，16—19 岁，托尔斯泰在喀山大学读书。

1851—1854 年，24—27 岁，托尔斯泰在高加索参军，参加了塞瓦斯托波尔保卫战，开始创作《童年》《少年》《青年》三部曲。

1855 年，28 岁，托尔斯泰回到彼得堡，为《现代人》杂志写稿。

1857 年，30 岁，托尔斯泰出国考察。

1859 年，33 岁，在雅斯纳亚·波良纳开办学校。

1862 年，35 岁，托尔斯泰与索菲娅·安德烈耶芙娜结婚。

1869 年，42 岁，托尔斯泰写完《战争与和平》。

1877 年，50 岁，托尔斯泰写完《安娜·卡列尼娜》。

1882 年，55 岁，托尔斯泰完成《忏悔录》。

1892 年，65 岁，托尔斯泰参加救灾活动。

1899 年，72 岁，托尔斯泰写完《复活》。

1901 年，74 岁，托尔斯泰被开除教籍。

1902 年，75 岁，托尔斯泰去克里米亚养病。

1903 年，76 岁，托尔斯泰写作《舞会之后》、《哈泽·穆拉特》等小说和剧本《活尸》。

1906 年，79 岁，托尔斯泰发表《我不能沉默》一文。

1910 年,82 岁,托尔斯泰离家出走。11 月 7 日病逝在阿斯达普沃火车站。